साध्वी की सृजनगाथा

साध्वी की सृजनगाथा

लेखक
माँ हरी चेतना

Falguni Publishers & Distributors
Ghaziabad

First published in India 2018 by
Falguni Publishers & Distributors Delhi

ISBN: 978-93- 85494-38-3

Falguni Publishers & Distributors
RTB-160, Royale Tower
Shipra Sun City, Indirapuram
Ghaziabad-201010
E-mail: falgunipublishers@gmail.com

Laser Typesetting
Priyanka Graphics, Delhi

Printed and Bound in
Delhi

Rs. 199

चेतना मठ
की
सृजनगाथा
सन्यासिनी माँ हरी चेतना
स्वंम का परिचय खोजिये

गुमनाम सफर पर निकली साध्वी उकेरने अपनी
दिव्य अनुभूति का अहसास कलम के सहयोग से

संस्मरण साध्वी की सत्यता, साध्वी के जीवन की ज्ञान भरी अनमोल रचना
निराश जीवन को सुख सफलता से भरपूर किया
कैसे स्वयं अपने जीवन की भाग्य निर्माता बनी?
परमात्मा की अदृश्य शक्ति को सर्व समर्पण कर चली
जीवन सरिता और सत्ता सागर तक हिम्मत बनाये रखी

भूमिका

यह उपन्यास सभी के लिए सदा दीप का काम करेगा।
ईश्वर अमृत का रसपान किया, अध्यात्म लिखना सिखाया।।

उपन्यास की कहानी तीन शब्दों की हैं – ज्ञान, ध्यान और रिश्ते। यह सौभाग्यशाली उपन्यास साध्वी का ह्रदय है। यह पुस्तक केवल उपन्यास न समझना। धर्म को जानकर भला उसकी विशालता कोई लिख पाया है। श्रद्धेय श्री दादाजी अध्यात्म योगी रहे। किसी को खबर नही हुई। उन्होंने हमे सरल, सरस, प्रभावकारिणी विद्या दी। इसलिए यह कथा, कथा ही नहीं बल्कि ज्ञान का अक्षय भण्डार है। स्वयं के भीतर उपलब्ध ज्ञान का मूल लक्ष्य परमहंस बनना। स्वयं के भीतर की हंस चेतना जगाना है। परमहंस का जन्म जब तक नही होगा। रामकृष्ण परमहंस नही बन सकते। उस अमूल्य रत्न जिसकी चिरकाल तपस्या उपासना से जो मिला। उसका वर्णन अकथनीय है।

परम हंस अवस्था हंस का प्रतीक बताया गया है। शान्ति, स्वच्छता, निर्मलता, उतमता की उड़ान है। साधक जब ध्यान में शरीर छोड़ ब्रहमाण्ड की और सैर करता है। समाधि अवस्था में की गई सैर इस उड़ान को हंसों की उड़ान कहा गया है। इस प्रकार के गुण आने पर वह व्यक्ति परमहंस कहलाता है। जो परमहंस हो जाता है केवल वह उस अवस्था को महसूस करता है। यह अवस्था कहने और बताने की नहीं है। यह प्रभु से एकाकार की अवस्था है।

कथा के माध्यम से सत्प्रेरणा देना। सत्य कथा की अमूल्य निधि को आज समाज के परिवेश में प्रस्तुत करना आवश्यक है। ब्रह्मज्ञानी गुरु आज भी उपलब्ध है। कल भी रहेंगे। मेरा महान सद्भाग्य है मेरी पहचान ब्रह्माण्ड की अनन्ता को जानकार ब्रह्मज्ञानी गुरु से शुरू हुई।

अध्यात्म जीवन में जो चाहे कोई व्यक्ति संसार में रहते हुए प्रवेश प्राप्त कर सकता है। फिर बाहर के जीवन में नहीं जीता। भीतर से आत्मसाक्षात्कार कर मनुष्य जन्म की विस्तृता को जानकर समृद्ध हो जाता है। मैं भूली हुई यादों को कहानी में गूंथने बैठी हुँ। सोचा नहीं था, जीवन में भीतर हुई प्रभात की भूमिका सब के भीतर अंकित कर पाऊँगी। परमात्मा अपनी सृष्टि के भीतर हाथ पकड़ कैसे खींच लेता है। सभी रिश्तों की बातें बाद में जो जगत के कल्याण के लिए कहना है, चर्चा उसी पर रहेगी यह पुस्तक पढ़कर एक का मन परिवर्ण हो जाये, संसारी दुखों से छुट जाये, अपने को धन्य मानूँगी। मेरे भीतर कल्पना कवित्व की बूँद नही पड़ी। अस्तित्व की दिव्य अमृत की बूँद पड़ी, जो आप खुली आँखों से देखते हो वृक्ष, पहाड़, पर्वतों से निकलती जल की धारायें। कोई व्यक्ति कुछ देर आकाश की ओर देख ले तो उसकी गर्दन दुखने लगती है। मैंने बादल ही नहीं आधी रात चन्दमा को निहारा, मेरी आँखे पत्थरा गई, मेरे भीतर एक विस्फोट हुआ। जो किसी और को दिखाई नही दिया। मेरे शरीर में तीव्र गति से दिव्य उजाला फैलता गया। जीवन की दिव्य प्रभात में ही मुझे इस नशे में मस्त कर दिया। उजाले का तीव्र नशा चढ़ा। जीवन में असली परिचय का साक्षात्कार हुआ। आज जीवन का होश आया। पता नहीं लगता आज जीवित हूँ या नहीं। वर्षों एकान्त समाधि में निकल गये। लगता है शरीर में एक लम्बी यात्रा से लौटकर आई हूँ। ब्रह्मज्ञानी व्यक्ति हजारों साल पहले भी संसार में अपना परिचय छोड़ कर गये। ज्ञान आगे–आगे चलता रहा। ब्रहमज्ञान केवल पढ़ने–सुनने का नहीं, यह सृष्टि के बीज का अंकुरण स्वयं के भीतर है। इसकी तृष्णा स्वभावत बेजोड़ उठती है। उसका वर्णन नहीं किया जा सकता है। करने लग भी जाएँ तो सुबुद्धि, कुबुद्धि वाले प्रश्न करने लग जायेंगे। आप हाथ जोड़ते हुए चुप हो जायेंगे। क्योकि उन्हें प्रमाण चाहिए। अच्छे–अच्छे प्रवचन चाहिएँ। बैठने के लिए अच्छा आश्रम चाहिए। ऐसे लोग ज्ञानी के शब्दों, हाव–भाव से भी नहीं समझ सकते, न ही समझना चाहते हैं। मन्दबुद्धि, न जाने किस तरह अनादर–अवेहलना कर दें। मेरे पास सत्य

अमृत है। वही कहने और लिखने बैठी हूँ। लिखना तो बहुत मुश्किल है, लिखा नहीं जा सकता। परमपिता की इच्छा है मुझे शक्ति दे। ऐसे शब्द लिख जाऊँ, जिससे आपका जागरण हो जाए।

सबसे पहले समझना होगा, संस्मरण का अर्थ – किसी भी मन्त्र या इष्टदेव का बार–बार दर्शन स्मरण, नाम जपना, बार–बार याद करना। महत्वपूर्ण घटनाओं कृत्यों का उल्लेख संस्मरण कहलाता है। कई बार कर्म और पूर्व जन्म के संस्कारो का ज्ञान लगातार बना रहे। विशेष व्यक्ति गुरु मृत के सम्बन्ध का बार–बार मुख्य घटनाओं का उल्लेख, पाँच साल की उम्र में मिला गुरु मन्त्र का बार–बार स्मरण साक्षात्कार करवा गया। साध्वी माँ की आत्मकथा में सृजन रूप परमात्मा की कलात्मक अनुकृति है।

कौन बंदी बना गया, मुझे ज्ञान सूत्र में बाँध गया
कौन हृदय भरा प्रकाश, अस्तित्व की सीमा के पार।
बिन तेल जली आत्मा, आत्मा का श्रृंगार परमात्मा
फूल बिना सजे न फुलवारी, उजाला जीवन का हार है
निशब्द हूँ, कैसे करूँ बखान, आत्मा की कोख में जन्मा परमात्मा।

यहाँ ना मन्दिर ना मस्जिद ना ही गिरीजाघर की बात
है यह बन्द तन की माया का राज है
बन्द जुबान से कैसे खोलू भेद
नौ दरवाजे लांघ कर
दसवां खोल आई
अपने भीतर आई

परिचय

कुम्भ में मिली गुरु माँ साध्वी की स्मृति के अध्यात्म जीवन के आधार पर यह लिखित आलेख संस्मरण कहलाता जरूर है। लेकिन आध्यात्मिक यात्रा भी इसके अंतर्गत आती है। उपन्यास की यह एक प्रवृति है ऐतिहासिक रचना संस्मरणात्मक उपन्यास के अन्तर्गत लिया है। कथा का प्रमुख पात्र साध्वी गुरु माँ है। संस्मरण और आध्यात्मिक दृष्टिकोण में अंतर है। मौलिक अन्तर स्वयं के भीतर अंकुरित ज्ञान आध्यात्मिक ज्ञान है। **लेखक का मुख्य उद्देश्य अपने जीवन–कथा का वर्णन ही नहीं बल्कि** कठिनाइयों के बाद भी अध्यात्म की उच्चाइयों को छूना है। मुख्य पात्र लेखक का केवल संस्मरण के माध्यम से ब्रह्मज्ञानी गुरु को सामने लाने का है। जो किसी बाहरी वस्तु का मोहताज नहीं होता है, न ही किसी प्रकार का दिखावा होता है।

इस कहानी का प्रमुख पात्र लेखक का संस्मरण में जो अनुभूति हुई साक्षात्कार का अनुभव ध्यान समाधि में घटनायें घटती रही, बाहरी यात्रा भी चलती रही। अपने चारों और बाहरी और भीतरी अनुभव का वर्णन कसा है। जीवन में अनचाही घटनाओं के बाद धैर्य बनाये रखा। समस्याएं तो कुछ वक्त बाद नहीं रहने वाली। लक्ष्य याद रहा। घटनाओं के होने वाले स्वयं का भीतरी अनुभव है। भीतर समाया प्रेम तेज विश्वास ने साथ दिया। जीवन की कर्मभूमि ने स्वयं के प्रयास में चमत्कार होते रहे। अनुभूति के चमत्कार में ईश्वर होता है, आत्मा के मन्दिर में बैठा आसन जमाए। लिखना ज्ञान का उजाला फैलाने का तरीका पुस्तक दीपक बन जाए। पढ़ने वाला प्रतिबिम्बित करने वाला दर्पण बन जाए।

बचपन की स्मृति की रेखायें जो आज तक हृदय में अंकित थी। जीवन की विभिन्न घटनाओं, स्मृतियों तथा परिस्थितियों के सन्दर्भ अनेक पात्र के सम्बन्ध में संस्मरण उपन्यास प्रस्तुत है।

प्रियतम अपने को खोज, लाई, अमृत का पियाला
पीया खूब अमर रस, अमरों का, लाई प्रभु का चरणामृत
सबसे पहले स्वागत करती हूँ, अस्तित्व के अमृत का
मृदु भावों का ध्यान किया, खोज लाई मालिक का पता
मन्त्र मुग्ध मौन हो देखि नित नई कलायें आँख खोलकर
कुंज पूरी, गूंज उठी, कर्ण झंकार प्रकृति का अनोखा उपहार
अस्तित्व का कोलाहल रहस्य समाया बेशुमार हृदय कोष
रहस्य समाया अस्तित्व में बेशुमार छोड़ दुनिया के रंग

प्रस्तुत उपन्यास में साध्वी की आत्मा का सत्य लिख रही हूँ। सदा सत्य को ही समझाती उनकी यह विशेषता रही। जो यथार्थ को जानती थी। जो सभी के बेहद करीब रही। यही बोलती, जगाओ अपनी आत्मा को। मेरी प्रिय आत्माओं, आत्मा का असली स्वरूप पहचान जाओ। जान जाओ, जो भीतर छिपा रहस्य। प्रभु–कृपा से मिली मानव देह को पहचान जाओ। धारणाओं और विषमताओं की गलतफहमियों से पार हो जाओ।

आज सत्य को जानकर, यथार्थ सत्य अपनी लेखनी से लिख कर, पन्नों को साकार ही नहीं करना चाहती बल्कि सत्य का दर्पण प्रत्येक भारतीय परिवेश को सत्य साक्षात्कार का ज्ञान होगा। वास्तविकता स्वयं के भीतर घटेगी। इतना अवश्य कहूँगी अध्यात्म को जानकर के जो धर्मस्थलों और धर्मग्रंथों में नही मिलेगा, वह सिद्ध गुरु की प्रक्रिया में मिलेगा। अध्यात्म का दीदार नजरों से होता है। फिर पाँचवा वेद खुलता है। कुछ भी स्थिर नहीं। अच्छा–बुरा, सुख–दुःख सब बदल रहा है। खुद को इससे पार ले जाना है, सदा सदैव प्रसन्न रहना है।

उज्जैन कुंभ के बाद कुछ दिन मेरे साथ ही रही।

एकांत बैठ महीने भर साध्वी के साथ बचपन की सभी यादें इकठ्ठे कर लिखने का साहस जुटा पाई मैं साध्वी की शिष्य बेबस आँखे आज भी गुरु रूप में उन्हें ही देखती हूँ। उनका ध्यान का जुनून हसीन–सी मुस्कुराहट

रूह में समाती गई। अचानक साधवी बीच में गाने लगी।

मैं जोगन, योगिनी नही प्रयोगिनी हूँ
प्राणी में समाया प्राणशास्त्र की खोजी हूँ
तन की दिव्यशक्ति के संचालनकर्त्ता की खोजी हूँ।

साध्वी माँ से मेरा परिचय मेरी बड़ी बहन ने करवाया था। तब वो अकेली फरीदाबाद रहा करती थी। कीर्तन सत्संग करती थी। उन्होंने मुझे ढ़ेर आशीर्वाद दिया। मुझे यह ज्ञात तो था यह ब्रह्मज्ञानी है। मुझे ध्यान की प्रक्रिया बताई मुझे भीतर बादल, चाँद, जुगनूँ, समुन्द्र में बहुत से जीव–जन्तु दिखाई दिये। प्रभु की लीला देखने में सक्षम हुई। मैंने उन्हें फोन किया, उन्होंने मुझे ढेर सारा आशीर्वाद दिया। मैं बहुत खुश हुई, जब मुझे साक्षात्कार हुआ। बहुत दिनों तक साक्षात्कार का कौतुहल चलता रहा। वे कुछ साल फरीदाबाद रहकर चली गई। फिर उनका प्रयत्क्ष दर्शन कुम्भ समाप्ति के उपरान्त हुआ। उनकी जिन्दगी भी एक कहानी है। कुम्भ के कुछ समय बाद मुझे कार्यवश दिल्ली आना पड़ा, तब साध्वी दिल्ली में थी। मैं सीधा उनके डेरे पर चली गई, वो नीम के पेड़ के नीचे चौपाल में बैठी थी। वहाँ आसपास के लोग साध्वी के नेतृत्व में उनके चारों और बैठे थे। अध्यात्म ज्ञान चर्चा आरम्भ थी। ज्ञान चर्चा में कब संध्या हुई पता ही नहीं चला। मुझे साध्वी के पास रुकना पड़ा। रात का भोजन कर सभी हाल में सोने चले गये। साध्वी एकांत एक बरामदे में बैठ गई। कुछ हल्की बात हुई। मुझे लग रहा था उनका ध्यान लगा हुआ है। कुछ देर बाद आँखे बन्द कर खो गई। मैंने भी ध्यान लगाया, समाधि में चली गई। मौसम खराब–सा था, फिर भी उस आनन्द को कभी नहीं भूल सकती। नींद का नाम नहीं था। समाधि में होश था। काफी खुली बड़ी जगह थी। अभी जंगल ही था। वह स्थान नया–नया बस रहा था।

उस रात जितनी उष्ण थी, उतनी ही अँधेरी थी। जोर की आँधी में वृक्ष की टहनियाँ आपस में टकराती, पत्तियाँ हिलती। गजब की ध्वनि निकल रही थी। एकाएक तबले का मधुर स्वर कानों में आने लगा। साथ ही बाँसुरी जोर की बजने लगी। उस डेरे के आस–पास घना जंगल था। कौन बजाएगा यहाँ बांसुरी। गहरे जंगल, भयंकर अधंकार, मेघ सुस्पष्ट, बजती

ध्वनि, कुछ देर बाद धीरे–धीरे अस्पष्ट और विलीन हो गई। उस रात बहुत अच्छा हुआ जो साध्वी के सानिध्य में कटी। उस दिन साध्वियों के साथ मिलन की सुदृढ़ गाँठ बंधी।

साध्वी ने आत्म–जागरण की सरल विधि करवाई। आँख बन्द कर तेज प्रवाह से कुछ चिह्न नजर आने लगे। मेरे विस्तृत विचार सिकुड़कर एक बिंदु पर ठहर गये। दिव्य स्थिति अभ्यास से बढ़ती गई। प्रत्यक्ष सत्य कोई कल्पना नहीं। सतत् सत्य प्रवाह का आनन्द उनके सानिध्य में मिला। करीब तीन बज रहे थे। दीपक का मंद–मंद प्रकाश भी आनन्दित कर रहा था। कब आँख लगी, पता ही नहीं चला। दम भर में सूर्य की किरनें खिलने लगी।

भीतर से एक साध्वी आई। गहरे जंगल का ख्याल आते ही मन ही मन सिहर उठी। डर भरे कंठ से बोल उठी। माताजी कल ही चलो यहाँ से। पंडित के प्लाट से कितने सांप–बिच्छू निकलते हैं। आज दिन में एक लडके को साँप ने काट खाया। वह मर गया। माताजी बोली अगर किसी जीव से छेड़छाड़ करेगा तो वो क्या छोड़ेगा? सीधे रास्ते चलना चाहिए। मैंने भी सुना। उसने उस साँप को पकड़ने की कोशिश की थी। डंडे से मारा तो स्वयं भी मरा। जिस रास्ते भय नहीं, उस रास्ते जाना चाहिए। उस रास्ते नदी–नाले बहुत हैं। सुना है, हिंसक जीव भालू, शेर, बाघ बहुत आया करते। आज भी सुनते हैं। कभी–कभी देखा जाता है।

सुबह अचानक उठना हुआ। अत्यन्त शांति महसूस हो रही थी। वर्षों पुरानी बात लिख तो जरुर गई लेकिन शरीर के भीतर बिजली तीव्र प्रवाह के समान बह रही थी। यह मन की बात थी। भीतर प्रकाशित हुई। यह अपना अनुभव था। उसके बाद जीवन जी जरुर रहे थे, कोई अकांक्षा बाकी नहीं रही। मैं प्रति समर उन्हें याद अवश्य करती। मिलने की कामना रहती। कितने सालों बाद कुम्भ में मिली।

साध्वी के व्यक्तित्व में सहज संवेदना और आत्मीयता थी, जो सभी को ज्ञान का साक्षात्कार होने पर भी प्राप्त नही होती। अपनी गहरी दिव्य दृष्टि से जीवन के गहरे रहस्यों का सत्यों का अनुसंधान किया और अपनी सहज – सरलता से आत्मीयता सबको दूर–दूर साधकों तक पहुँचाया। उन्होंने समाधि अवस्था में लिखना आरम्भ किया।

साध्वी अंतरमुखी रह अज्ञात रहस्य में लीन कई वर्ष अज्ञात रही। जीवन के रहस्य की गहराई से सत्य को खोज कर अखंड समाधि से बाहर आई। ज्ञान की अटल गहराई को जानकर बाहर आई है। सत्य को देखते हुए कभी थकते नही हैं। यह तो जान गई थी। जीवन का सत्य ही ऐसा है। जो आत्मीय चिर नित नवीन है। बार–बार देखने पर अन्तर्मुखी हो जाते हैं। जीवन का सत्य खोज कर भीतर और बाहर दोनों दशाओं में शोध स्वयं होता चला जाता है। निरंतर ध्यान में तत्व के समक्ष रहना पड़ता है। एकान्तमय हो जाता है। जैसे कोई पानी में उतरने के लिए तैरना सिखता है। उसके बाद गोताखोर खजाना खोजने समुंद्र में उतरता है। भीतर ही भीतर इधर–उधर भागता है। एक मोती मिलने के बाद वहीं रहता है। फिर उस एक मोती माणिक में संतुष्टि नहीं है। खोजने के लिये लगातार प्रयास करता है।

साध्वी का जीवन संघर्षमय रहा। अनेक संघर्ष झेले। संघर्षों को सहज मानकर चलता रहा। जीवन का संघर्ष भी भूलता नहीं है। लेकिन जीवन में संघर्ष के दौरान अनुभूति के सत्य को प्रथम स्थान दिया। उन्होनें जीवन में केवल आत्मा के सत्य को स्वीकार किया। निरन्तर आचरण किया। जीवन में सत्य खरे सोने जैसा है। सत्य को जाँचने की कसौटी भी थी।

दिव्य ज्ञान का प्रथम परिचय "'जागजा' लो आ गई जोगन" पुस्तक के द्वारा दिया। इस दौरान आदरणीय संजय सिंह जी से मुलाकात हुई। उनकी पारखी नजर ने उनके लिखे खामोश शब्दों को समझ लिया। उनके सहयोग से यह पुस्तक पब्लिश हुई। प्रतिभाशाली और प्रसिद्ध व्यक्तित्त्व का परिचय और पहचान की सभी के सामने होती है। यह पुस्तक उन्हीं के सहयोग से पब्लिश हो रही है। मेरे अध्यात्मिक जीवन में बाहरी एक नई शुरुवात हुई। ह्रदय में तपते ज्ञान को आशीर्वाद में लिख दूँ। थोड़ा सा सुरमई उजाला भक्तों के नाम कर दूँ। अन्तरंगता अंतरमन से आशीष चिंता कष्ट मुक्त हो। संजय सिंह जी की हाँ सुनकर उस पल का झोंका कहता हुआ कुछ अलबेला–सा तिमिर हटा उजाले का नया संदेश भर गया। धैर्य और उमंग से शुरू हुई जीवन की नई बेला। ज्ञान बाँटने की मंगलमय नई प्रभात हुई।

ब्रह्मज्ञानी गुरु चले गये। उनकी किताबें आज भी बोलती हैं। पुस्तकों को पढ़ने वाले, शब्दों की आवाज समझते हैं। वहीं ज्ञान की राह पकड़ते

हैं। कड़वे घूंट जो पीते हैं उन पर परमपिता का प्रेम बरसता है। उन्हीं का मुक्कदर संवरता है। मेरे प्रिय आत्मीय स्वजन अपने भीतर ज्ञान की मंगल प्रभात करो। ज्ञान को लिखना कोई खेल नहीं है। नेत्रहीन सूरदास जी लिख गये, मीरा रसखान ने लिखा। ज्ञान में ममता, करुणा है। प्रकृति की ओर से प्रेम बरसता है। तब कोई विरला भाव समेत – गुण समेट लिखता है, गाता है। ईश्वर प्रेम में झूम उठता है।

हे मनुष्य! अगर शब्द पढ़ मनुष्य–गुण, देव–गुण में बदल गया। तेरा प्रेम समर्पण गुरुत्वाकर्षण से प्रभु खींचा चला आयेगा। अपने भीतर चाहे गुणों का ताप भरो या अवगुण को सुलगाओ यह सबका अपना फैसला। साध्वी माँ के कर्तव्य–पथ पर हूँ जगाती रहूँगी। सबके जीवन की असली कहानी छुपी हुई है। उसे उजागर करो। पेड़ों की शाखाओं पर पत्तों का बदलाव देखो। स्वयं को पहचानने की कोशिश करो। अपनी सूखी आँखों में मोतियाबिन्द ना बनने दो। सोचा है कभी अपने बनाये जाल में तो मकड़ी भी नहीं फँसती। व्यक्ति अपने विचारों की उधेड़बुन में फँसता चला जता है। देखो ध्यान से झाँकता हुआ सृष्टि का समुन्द्र दिखाई देगा। प्रभु की लहरें हिलोरे लेती दिखाई देंगी।

अस्तित्व के मयकश एक राम को जिह्वा से जपा। सम्भले तो ऐसे सम्भले के बहक न पाए। खामोश समाधि अखण्ड ज्ञान में जीते–जीते अन्तरमन से शब्द निकलते गये। शब्द लिखते गये।

मै प्रभु का बुझा दीप थी, मुझको भाया जल जाना।
मुझको नहीं भाया मर कर मिटटी में मिल जाना।
पुरुष की संगिनी नहीं, बनी प्रभु की माया की छाया।

मेरी आँखों के झरोखे जैसे ही खुले, अध्यात्मज्ञान प्रकट हुआ। मन के जमघट से ज्ञान का अखाड़ा बना हुआ था। आत्मसाक्षात्कार का अनुभव किया। मैं साध्वी माँ की गहराई समझ पाई। उनकी रहस्यानुभूति पर कई विशेष वाणी कागज पर लिखी मिली। उनकी अनुभूति अज्ञात परमसत्ता प्रियतम का आभास कराती हैं। परम प्रिय से मिलन की अनुभूति की झलक सभी प्राप्त कर सकते हैं। जो दृष्टि की सत्य उज्ज्वलता की खोज अति विशाल है। कई बार पढ़कर अनुभूतियाँ भी जगा जाती हैं। सृष्टि का

मूल्यांकन जीवन की कसौटी अकेली बड़ी उपलब्धि है। आत्मदर्शन को लिखने का प्रयत्न किया है। दादाजी की दिखाई अध्यात्म की राह पर अपना जीवन समर्पित किया। आज समाज कल्याण के लिए अध्यात्म क्षेत्र में कार्य कर रही हैं। समाज के प्रति चेतना भावना दिव्य दृष्टि से प्रभावित रहा। मन की पीड़ा का ज्ञान और ध्यान से श्रृंगार किया। अध्यात्म को गहराई से जानकार होने के कारण ब्रह्मनाद के गीत सौन्द्रय को शब्दों में बाँधना दुर्लभ है।

परम प्रिय की कसक वेदना बोल जाती हृदय
रंगो का उत्सव मन भीतर भरे जलवे
निकले ब्रहमनाद अनन्त ध्वनि माथे जड़ी मणि
निकली सत्य की किरणें छटाँ घना कोहरा
स्वार्थ भरे जग में कोई निकला अपना सगा
भोर भई ज्ञान की अज्ञान से जाग पड़ी
सफर में निकली ब्रह्माण्ड के अटल विश्वास और प्रयास से
भाव सहित वंदन करू करुणा निधान को

अध्यात्मिक चेतना को जागृत करने के लिए लिखा गया उपन्यास संस्मरण – यह कल्पना की मिलावट नहीं, सत्यता सबके सामने रखी। सम्पूर्ण जीवन स्वयं का परिचय। अध्यात्मिक ब्रह्मज्ञान और रिश्तों की खट्टी–मीठी मिठास का सम्मिश्रण कर एक अलग संसार रच दिया है। अध्यात्म जगत में कदम रखना ब्रह्मज्ञान से भरा चेहरा खामोशी से पुता हुआ। साध्वी के हँसते चहरे की दिव्या मुस्कराहट को देखकर असीम संतोष शान्ति मिली। उनकी ध्यान समाधि में उल्टे–सीधे लिखे शब्दों को उपन्यास भूमिका को निभाने के लिए तैयार हुई। साध्वी की आँखों में प्रेम सहित जल भर आया। एक–एक दिन महत्वपूर्ण है। उनके भीतर एक सन्नाटा पसरा हुआ था। बहुत सारी ज्ञान की स्वंम के भीतर की घटनाओं को किस प्रकार सामने लाया जाये।

सारा दिन इसी उधेड़बुन में निकल गया, किस तरह लिखना शुरू किया जाय। प्रफुल्लित मन से पलंग पर बैठी थी। सामने साध्वी माँ का चेहरा घूम रहा था। जैसे वह स्वयं सवेरे की गुनगुनी किरणों के साथ कुछ शब्द गुनगुना रही थी। पेड़ों पर नये पत्ते आ रहे थे। सूखे पत्ते जमीन पर

बिखरे हुए थे। मन डर रहा था के कहीं साध्वी माँ के लिखे पन्ने इसी तरह फैल न जायें। विचारो में फिसलते मन का संतुलन बनाया, जो मुझे नाकाम करने की कोशिश कर रहे थे। कमजोर विचारों में बहने से अपने को बचाया। साध्वी के लिखे पन्नों को पुस्तक में बाँधने का प्रयास है।

अभिनन्दन है प्रीतम का, भाव सहित वंदन बारम्बार
मन को किया उजागर, प्रेम का सागर मधुर प्रभात लाये
मणिघाट से निकली स्वर्णिम किरणें, अस्तित्व में नहा आई

विराट कथा को लिखने का प्रयत्न आप सभी के सहयोग से सफल हो सके। भारत में अनेक ऋषियों, मुनियों ने कठोर तप किया केवल तपस्या के फलस्वरूप ईश्वर का साक्षात्कार किया।

अध्यात्म जीवन संसार में रहते हुए प्रयास कर सकता है। प्रत्येक व्यक्ति अपनी अंधेर कोठरी के भीतरी प्रकाश में प्रवेश कर सकता है। कहने योग्य और लिखने योग्य एक परमात्मा का आत्मा में सत्य है, जो नश्वर है, अस्तित्वविहीन है, मानव मात्र को सन्देश देने योग्य मात्र तत्व ज्ञान है।

परम चेतना को ईश्वर, अल्लाह, परमहंस कहा गया है। अनेक नामों से पुकारा गया। समर्पण विश्वास और प्रयास के साथ स्वयं के भीतर देखा जा सकता है।

पढ़ने पर यह उपन्यास आपको सत्यता का आभास करायेगा, मानो आप भोग–विलास की दुनियाँ से दूर प्रभु के अस्तित्व में शामिल हो गए हो। प्रभु, मात्र कल्पना नहीं। आज के उन्नत विज्ञान में स्वयं का तत्व दर्शन कर शांति प्राप्त कर सकते हैं। ध्यान की प्रयोगशाला में मानव शरीर का कायाकल्प होता है। शरीर में विचारों का चलने वाला वायुयान है। यह संजीव चित्रण की किस प्रकार नकारात्मक विचार की आँधी पर दृढ़ निशचय से अंकुश लगाया जा सकता है।

आज संसार रूपी सागर में प्रत्येक व्यक्ति शांति के लिए छटपटा रहा है बहुत दुखी है। प्रभु को पुकार रहा है। प्रभु मेरा हाथ पकड़ लो। अशांति व दुखों से बचने के लिए इधर–उधर हाथ पैर मार रहा है। संसार में डूबते हुये लोगों के पास गुरु का रूप धार कोई मल्लाह कश्ती लेकर आये तो बिन सोचे पूर्ण विश्वास के साथ पवित्र विचारों सहित बैठ जाना। द्वार आये

गुरु को जाने मत देना। सत्य को शब्दों द्वारा लिखा नहीं जा सकता। शब्दों का तो केवल सहारा लिया जाता है।

मुक्ति नही राम नाम शब्द बिना
संचालक सभी विभाग का राम
राम, शिव, ओम् प्रायवाची परमात्मा
सबका आशय एक परमात्मा
करना है समर्पण पकड़ना है एक नाम
भजन बिना नही मुक्ती दासी यही कहती
पूर्ण ब्रह्माण्ड समाया प्रखर प्रकाश देखती जाती
सम्पूर्ण ब्रह्माण्ड के देवी–देवता की बरसती असीम अनुकम्पा

यह प्रेरणापूर्ण पुस्तक सविनय समर्पित है। सभी लोग पढ़कर जीवन में खुशियाँ भर सकते हैं। अपने जीवन में सुख, सफलता और स्वास्थ्य से परिपूर्ण हो सकते है। जिस तरह साध्वी माँ अपने भाग्य की निर्माता स्वयं बनी। दृढ इच्छा शक्ति संकल्प से जीवन में खुशियाँ भरने में कामयाब रही। ईश्वर के प्रति अपार आस्था ज्ञान की ओर मोड़ती रही। बाहर के आकर्षण की बात क्या करूँ। भीतर का दीपक जला गंगाजल में डुबकियाँ लगाई। आरती की अग्नि ज्वाला दिन–रात देखी। शंख घण्टी की पावन ध्वनि ब्रह्मकुंड का अन्तस् दृश्य मन में ही समेट लेती हूँ। भक्ति करती–करती ज्ञान की अग्नि ज्वाला उठी। जीवन का निर्णय नहीं था। विश्वास की दौड़ के साथ ज्ञान पाने की प्यासी थी।

आत्मविश्वास की संजीवनी लिए चली, मेरा मनोरथ पक्का विश्वास था जो पूर्ण हुआ। बादलो की गरज बिजली की तड़प क्षण मात्र की क्या सन्देश दे जाती है। कमनीय प्राकृतिक घटा आँखों को लुभाने लगी। मेरा मार्ग ज्ञान मार्ग था जो प्राणों का खेल था। अन्धविश्वास के साथ चली। यह आज लिखते–लिखते जाने कब आँख लगी।

सोच में चल रहा था कि कब आत्मा का अँधेरा ध्यान में तप कर उजाला बन आत्मसात हुआ। फिर स्वप्न में चला। मैं कुछ सखियों के साथ शिमला आई हुई थी। गहरी रात सुनसान जंगल दिखाई पड़ रहा था। एक पत्थर

की चट्टान पर बैठी सोच रही थी किसी से बातें कर रही थी सोच रही हूँ कि मैं कैसे परमहंस पर्वत पर चढ़ी और फिर रसातल पहुँची। अचानक हिम गिरने लगी। आज देह में उदय होने वाला रोमांच कह नहीं सकती। निगाह गई छोटे मोटे वृक्ष दिखाई दिए। विचित्र जीवों को इधर–उधर फाँदते देख रही हूँ। घोर निंद्रा में सब चल रहा है। स्वपन था, क्या था? समझ नहीं पाई। नक्षत्र की भाँति चेतना में डूबती गई। सभी अंग शरीर से अलग हो ढीले, हल्के, मानो शरीर का बोझ हल्का हो गया। कितनी देर सोई कुछ पता नहीं चला।

सुहानी भोर का वक्त था। कुछ–कुछ सूरज दिखने लगा था। सूर्य की लीला शुरू हो चुकी थी। भोर की किरणें घर–घर पहुँचने लगी थी। बचपन से ही तेज हवा का आनन्द लेना सिखा था। रोशनी ही जीवन है, सूर्य में समाई दिव्य रोशनी के दर्शन दुर्लभ है। यह ईश्वरीय द्रव्य गुण तन में दिखाई दिया। साथ ही कानों में ब्रह्माण्ड की मधुरतम ध्वनि की गूंज पड़ी। मन एकाग्र हो सुन रहा हो, अन्तस् सृजन शांति अपार महसूस कर रही हूँ।

मैं सरल सौन्दर्य की प्रेमी निकली, विरह और वेदना से ध्वनी निकली। रहस्यमयी अध्यात्मिक चेतना को जागृत करने का प्रयास सफल कर सफर पर निकली।

ध्वनि संजीवन चेतन प्राणों को किया मुग्ध, जाने किस अवस्था में अंतर्ध्यान हुई। इतनी घोर शान्ति जहाँ संसार की कोई खबर नहीं। धरती का श्रृंगार देखा, पर्वत पर वृक्ष ऊपर सियार देखा। लँगूर की कलाबाजी शिलाओं पर सोना, जान उनकी जोखिम में उस वक्त देखा। रात कहाँ गुजरी बड़े धमाके जीव–जन्तुओं के अथाह खोज में गूँजती आवाजें। जैसे दर्शन की तीव्र उत्कंठा पूरी हुई।

मेरे लिए अध्यात्म के हंस रूपी पहाड़ पर चढ़ना मुश्किल था। अभ्यास में अमानुष शक्ति को देखा। जान गई साधारण व्यक्ति भी अभ्यास से देख सकता है। मैंने अपने योगबल से देखा। मै योगिनी, प्रयोगिनी सिद्ध हुई। अपनी देह में अद्‌भुद शक्ति का संचालन होते देखा। आज नाड़ी की गति अति तीव्र महसूस की। आँखों में ज्योति की रेखाएँ बन निकलती रही। वाणी कमल की तरह खिल गई। तन का विकास जोरों का हुआ। दिव्य ज्ञान की तेजी के कारण चैन से कभी आम नींद नही ली।

आज जगत से दूर अध्यात्म से भरपूर सन्यास को चुन लिया था। यादों

के दरवाजे से आती हुई यादों का झुंड में सन्नाटा महसूस कर रही थी। श्वांस रोक मन की शीतलता को निहार रही थी। यकीनन आज अध्यात्म में जमीन–आसमान का फर्क नजर आ रहा था। एक आम लड़की जिसने जवानी से भरपूर सन्यास की दहलीज पर कदम रखा, आज अपनी जवानी याद कर चंचलता महसूस कर रही थी। हल्के से मुस्कराते हुए फर्क साफ नजर आ रहा था। काफी देर शांत खड़े रहने पर पडोस में ठहाके गूंज पड़े।

मैं किसे खोज रही थी। ध्यान अपनी ओर आकर्षित किया। आखिरकार अपनी राह कहाँ खीच लाई। अपनों से दूर फिलहाल अपनी जिन्दगी को अपने अंदर अपलक निहार रही थी। अपने गृहस्थ मार्ग के आवरण को हटा सन्यास की दौड़ में शामिल हुई। इस महायान की शिक्षा दादाजी से शुरुवात हुई। शुभ मार्गदर्शक के लिए सदैव तैयार रही। अकेली यात्रा पर चलना। दादाजी तो केवल मार्ग निर्देशक थे। मार्ग तो परिवार में सभी के लिए खुला था। सभी का गन्तव्य पर पहुँचने के मार्ग अलग–अलग थे। हम कौन–सा मार्ग पकड़ते हैं, सबका अध्यात्म मार्ग का अपना निर्णय होता है।

प्यारी–सी जवानी की दहलीज पर सन्यास ने दी दस्तक
दुनियादारी का पथ छोड़ प्रभु को नमाकर मस्तक दी दस्तक
प्रसन्नचित होकर निरंतर किया स्वयं का मूल्याकंन
आज बिछड़ते वक्त में उलझी आँखे भी हुई नम
कलम में स्याही का रिसना चलता रहा रात भर
बीते कल की झलक गुनगुना रही थी कागज पर
एक अरसे बाद दादाजी को देखा बेखबर थी
अपने को बनाने में यूँ मशगुल हो गई थी
अध्यात्म में उड़ने को पंख मिले भूल गई जगत
अध्यात्म के सागर में पल–पल बना महोत्सव
आज जीवन में दिव्य खजाना ही पुस्तक बन गया

बिना भाव परमात्मा से जुड़ नहीं सकते। भाव ही विधि है। दुनियाँ से हटकर कोई रीत नही, कोई दीया नही, कोई विधि नहीं, कर्मकांड से हटकर अध्यात्म मार्ग है। सत्य भाव ही सत्यता से जोड़ता है। मालिक की कड़ी भाव

है। भाव प्रेम से ओत–प्रोत सच्चा भाव कहलाता है। सत्य मन को मजबूत शेर दिल बनाता है। फिर हिंसक जीव का भय भी समाप्त हो जाता है। डर की अपेक्षा भक्ति भाव से कार्य किया जाय तो सफलता अवश्य मिलती है। ईश्वर के कार्य विधिपूर्वक नहीं, भाव से भरपूर होने चाहिएँ।

अध्यात्म की खोज स्वयं की होती है। स्वयं से पूछना होता है। यही अध्यात्म का पहला शब्द है। सत्संग का अर्थ है – गुरु का सानिध्य होना। इतनी आत्मीयता समीपता काफी है। गुरु की मौजूदगी में शीघ्र अति शीघ्र घटनाएँ घटने लगती हैं। फिर देर नहीं करो। गुरु कुछ करता नहीं है। देखा जाये तो उसके मुख से निकला मन्त्र परमात्मा के होने का प्रमाण बन गया। कच्चा मटका बनाते समय जैसे एक हाथ भीतर और एक बाहर रखता है, काम बहुत बड़ा है या तो मटका बन जाएगा या फिर बिगड़ जायेगा। मटका तो बनाते समय फिर भी दिखता है लेकिन गुरु का काम मात्र मन्त्र देना नही हैं। मन्त्र देने के बाद भीतरी अध्यात्म की ठुकाई भी चलती है। ऐसा गुरु कोई विरला होता है। मत सोच, कुछ क्षणों को छोड़ उसके हो जाओ। उसके पास बैठ उसकी तरंगो में श्वास लो। पुछ लो – स्वंम का पता।

मै कौन हूँ? किसलिए मानव देह पाई?

मोक्ष का अर्थ ही मोक्ष की प्राप्ति है। जो मानव देह में सम्भव है। अगर गुरु के आभा मंडल में स्नान कर गये तो क्षण भर को अपनी नौका गुरु के हवाले कर के देखोगे तो तरंगो में लीन स्वयं को पाओगे। जिस जगत में भटक रहे हो वहाँ कुछ नहीं मिलेगा। जगत के तीर्थ बहुत कर लिए। थोड़ी देर के लिए गुरु को तीर्थ समझ कर ध्यान का स्नान कर के देख लो। यह कला बहुत बड़ी है। सबका जवाब भीतर दबा हुआ है। सुख–दुःख से मुक्त, भयमुक्त, तनाव रहित जीवन का, हल आत्म–साक्षात्कार के बाद है। सत्य की खोज इसी जीवन में पूरी कर सकते हैं। शक्तिशाली समृद्ध जीवन प्रत्येक व्यक्ति जी सकता है। श्रद्धावानों और जिज्ञासुओं को हल मिलेगा। श्रद्धावानों की देह की जड़ में अदृष्य गुप्त– धन अन्तःकरण में प्रकट होगा।

बड़ा धैर्य और संतोष चाहिए। कभी संशय नहीं आना चाहिए। घटना घटने की प्रतीक्षा करनी है। प्रेम और भाव से प्रार्थना करनी है। सत्संग का अर्थ ही सत्संग में हाजरी मौजूदगी है। माँगना नहीं होता है, लीन होना है, मिल जाना है। प्रभु तो सदा मौजूद है। प्रभु का दीया तो जल रहा है। अगर

कोशिश की जाये जलता दीया साथ में है, बुझा दीया जलते दीये की ओर जाएगा। ज्योति को झपटने की कोशिश करेगा। हवा का झोंखा आया, ज्योति पकड़ जाएगा।

ब्रह्मज्ञानी गुरु जले हुए दिए हैं, सुलगने की कला तो सीखनी होगी। सहारा तो लेना होगा। जगत की चीजों का सहारा मिथ्या है। बड़े मजे की बात है वक्त और चीजें नहीं रूकती। रुकना स्वयं को होता है। आज इतने धर्म बना दिए गये हैं – जैन धर्म, हिन्दू धर्म, मुस्लिम धर्म, हिन्दुस्तान हो या दुनियाँ का कोई देश, धर्म को पैदा तो पुरुष ही करता आया है। उसको चलाना, उसकी सुरक्षा स्त्रियाँ ही करती पाएँगी।

आज सोच रही थी कि बैठे–बैठे मन्दिर का पुजारी पुरुष पायेगा लेकिन पूजा करती अधिक स्त्रियाँ पाएँगी। फिर भी ज्ञानी स्त्रियों का नाम बहुत कम आता है। मैंने जाना महानज्ञानी आत्मा इच्छा शक्ति से भरपूर होती हैं। दुर्बल आत्माओं की मदद करती हैं। ज्ञान और विद्या में अन्तर है। यह बाहरी ज्ञान से बिलकुल अलग है।

मेरा आध्यात्मिक जीवन बचपन से शुरू हुआ। वैसे तो पाँच साल की उम्र में एक वृद्ध महिला ने मन्त्र दिया। जो एकांत सफेद कपड़ो रहती थी। हम अक्सर खेलते–खेलते सभी बच्चे चले जाया करते थे। वह हमें तुलसी जल पिलाती। मन्त्र का जाप करवाती। बोलती थी के कभी डर लगे तो मन्त्र का जाप इस तरह करना। सब अच्छी तरह बताया। इस तरह मन्त्र को आँख बन्द कर जपना। समझो, खोज तो वहीं से शुरू हुई। फिर आत्मा की उड़ान को नहीं बाँध पाई। अस्तित्व की सच्चाई से सामना हुआ। साधवी माँ के लिखे शब्दों में उन्होंने कहा उनके हाथों की लिखी ब्रह्मनाद कि स्मृतियों को खोलने का खजाना है।उनका शारीरिक ऊर्जा का प्रयोग चलता रहा। ध्यान के बीच–बीच निशब्द अंतराल अनुभव चलते रहे। उस वक्त सक्रिय ध्यान था। मजे की बात ये है कि जब भी बैठी, ध्यान लग गया। दिमाग एकदम खाली। कोई विचार नहीं। ध्यान का दामन पकड़े रखा। लौ इतनी तेजी से भभक उठेगी, यह भी नहीं सोचा था।

हृदय छिपा स्वर्ण मन्दिर, गंध मनोहर खिला कर्ण जग से दूर
प्रकृति का अनोखा रहस्य गूंजे कुंज कानन निज समाधि निरत

मैं ध्यान रूपी दुर्गम पर्वत पर इस तरह चढ़ी की अपनी राह स्वयं बनाती गई। सद्‌गुण के पवित्र द्वार खुलते गए। जो बोधि और क्षमता को उपलब्ध कराते गए। परमपिता का पर्वत तो अति दुर्गम पथ है। जिसकी यात्रा सात द्वारों से होकर गुजरती है। सात द्वारों के द्वारपाल क्रूर और धूर्त शक्तियो के सशक्त वासनाओ के दुर्ग हैं।

प्रसन्नता से भरपूर स्वर्ण नियम को स्मरण रख स्रोतापन्न द्वार को पार किया। यह निर्णय ले, बहती गंग–नीर में प्रविष्ट हो गई। मानव जन्म सार्थक कर, जन्म में निर्वाण की गंग–नीर की गहराई को छूती गई। सुना है मनुष्य को मानव जीवन सिद्ध करने के लिए सात जन्म मिलते हैं। राह तो सभी के सामने होती है। लेकिन कौन किस राह को चुनता है, यह सबका अपना फैसला हैं।

साधवी माँ ने परमपिता की राह पकड़ी जहाँ ज्ञान पाने का उपाय है। कुछ भी खोने का डर नहीं। ज्ञान की संहिता स्वयं में निर्मित हुई तो शास्त्र खो गए। सत्य स्वयं में शाश्वत हो गया। शास्त्र तो क्षणभंगुर नजर आने लग, बात को समझना होगा। वेदों का ज्ञान जो आकाश में संरक्षित अंतरिक्ष में है। ज्ञान की छाप अस्तित्त्व के गहरे अंतःस्तल में है। करोड़ों–करोड़ों वर्षो में कोई एक बुद्धत्व को प्राप्त होता है। यह गहनतम अनुभव एक ब्रह्मज्ञान का रहस्य है, जो आत्मसाक्षात्कार से जाना जा सकता है। मनुष्य जन्म लेकर भी व्यक्ति आन्तरिक अनुभूति से दूर रहता है। जो जगत के कण–कण में समाई है। यह शब्दों में ही नहीं, केपल बुद्ध जैसे व्यक्ति के प्राणों अन्तस् सत्य घटना घटती है। उस घटना की गूंज कण–कण से सुनाई पड़ती है। जो जितना करीब पहुँचता हैं, उतनी साफ धुनें सुनाई पड़ती है। यही गूंज साध्वी ने सुनी ज्ञान को उपलब्ध हुई।

आकाश ने सभी को चारों ओर से एक शक्तिशाली ऊर्जा से घेर रखा है। आकाश को स्वयं से पाया और जाना जा सकता है। यह तत्व आकाश मार्ग से प्राप्त हुआ। ऐसा लगता है आकाश संहिता मुझमें से निकल रही हो। इसके बगैर जीव का कोई अस्तित्त्व नहीं। ज्ञान निर्मित हुआ, अनुभूति से सम्बन्ध जुड़ा। मौलिक सत्य का सौंदर्य श्रेष्ठ शब्दों में लिखने का केवल प्रयास मात्र है ताकि पढ़ने वाला अपने जीवन के बारे में सोचने पर मजबूर हो जाए। प्रकाश से सभी का सम्बन्ध है।

जब परमात्मा की पवित्र वाणी अनन्त धुनें सुनी, सिर्फ लिखने का साहस जुटा पाई। ज्ञान को शब्दों द्वारा संग्रहित किया, जिसे वेद के ऋषि–मुनियों ने कहा। यही मीठी घटना साध्वी के जीवन में बचपन में घटी और घटती चली गई, जीवन निखरता गया। वरना मैं साधारण क्या लिख सकती थी। अंधा क्या प्रकाश को देख पायेगा।

हाथ में चिमटा बगल में झोली, चारों ओर जागीरी रे। मन लागो अपना यार फकीरी में। अन्तकाल को सहज रूप से देख रही। सही उम्र में ध्यान लगाया। सभी मानव रूपधारी को बताया। सभी बोधिसत्व हैं। ध्यान से देखो आनन्द से अभ्यास करो। कौवे भी परमहंस होए। सारा अस्तित्व हमारे भीतर आईने–सा, झांको रे। पहचानो हम यही है।

कठिनाइयों के फलस्वरूप् धर्म का अनुकरण चलता रहा। ध्यान मानसिक मन्त्र करते रहने के बाद ही अद्भुत सन्तोष प्राप्त हुआ। संसार–रूपी सागर अति दुर्गम, कष्टरूपी पहाड़ पार कर परमात्मा का स्वर्ण मन्दिर दिखाई पड़ गया। सतत अज्ञात आकाश की ओर भागी चली। ज्योति तो आकाश में छिपी मिली। समझ लें, देह मिटटी की है आत्मा मिटटी की नहीं है। एक रात अचानक मैंने पाया कानो में मन्दिरो की घण्टियाँ, शंख, नगाड़े बज रहे हैं। ब्रह्माण्ड की अनन्त धुनें बज उठी। मधुर संगीत मेरे प्राणों को आंदोलित करता गया। कई बार मधुर संगीत को सुनकर जग जाती, फिर सो नहीं पाती। खोजती रहती। ऐसा ही हुआ अब भीतर की निंद्रा चली गई और निरन्तर सदा के लिए जाग गई। जीवन आलोक से भर गया। मैं परमात्मा के मन्दिर में पहुँच गई। मन्दिर का संगीत, वहाँ कोई दुःख नहीं। ब्रह्माण्ड में सागर की गहराइयों में डूबा प्रभु का घर पाया। बाहरी जीवन यात्रा में मिले दुखों के कारण शांत और शून्य होती गई। प्रभु के मन्दिरों की साफ मीठी ध्वनियाँ सुनने में समर्थ होती रही। विचार वासना का कोतुहल समाता हुआ, उसे बाधा न बनने दिया।

इस प्रकार स्थूल देह में आत्मज्ञान की रोशनी हासिल की
बाधारहित सफलतापूर्वक आत्मतत्व को परमात्व तत्व से जोड़ा

योग का अर्थ समझें तो जोड़ना है। तन में मन का जोड़ना ही कल्याणकारी उपर
ा के सहस्रों रास्ते हैं। मनुष्य ईश्वर तक पहुँचने का कौन–साआरसाता है।

विचारणीय बात यह है कि एक ज्ञानी व्यक्ति किस प्रकार के आनन्दलोक में विचरण करता है और आम आदमी सौन्दर्यपूर्ण जीवन से चूक जाता है। गुरु का सानिध्य किसी भी प्रकार मिले, वह प्रसन्नता, आनन्द, सुखानुभूति के आलोक में जीवन ले जाता है। संसार के लोग पदार्थों को जुटाने में आनन्द की प्राप्ति समझते है। सुख, पदार्थों की प्राप्ति में नहीं बल्कि गुरु की बताई छोटी सी ध्यान की प्रक्रिया में है। साधारण प्रक्रिया में आंतरिक सुख और शांति छिपी होती है। जो असीम आनन्द को बढ़ाता है। मन को स्वस्थ और आनन्द में रखता है। साथ ही कर्मों का बैंक–बैलेंस बढ़ाता है। व्यर्थ मोह बेकार की भाग–दौड़ धन की लालसा से बचते हुए सत्य के मार्ग पर चलना है। जीवन में धन का महत्व जीवन निर्वाह तक ही है।

आज मैं कह नहीं सकती, छोटी सी उम्र में आन्तरिक परिवर्तन कैसे और क्यों हुआ। मुझे भीतर कोई वस्तु, मूर्ति दिखाई नहीं दी। अचानक ही एक दिव्य प्रकाश में एक नया आलोक दिखाई दिया। एक ज्योत उभर कर उसकी किरणें चारों और बिखर रही हों। उसकी किरणें भीतर ही भीतर फैलती रही। किसी को भी कह पाना मुश्किल है। अपार शांति मिली। आँख बन्द कर खुले आकाश में विचरण करने लगी। मुझे अनुभव होने लगा कि जीवन, आनन्द और सौंन्दर्य से भरपूर है। यह प्रकाश वास्तविक सभी के भीतर है। भीतर पल–पल आता–जाता प्रकाश उड़ते परिंदों का सौंदर्य से परिपूर्ण जीवन दिखाई देने लगा। स्वयं के भीतर सौंदर्य का साक्षी प्रतीत होता है तो जीवन में बदलाव अवश्य होता है।

पुरानी यादें समय के साथ आज स्वपन में अचानक ताजा हो गई। मेरी आत्मा गद्‌गद् हो गई। प्रेम की सीख ने मानव ही नहीं पशु पक्षियों के प्रति प्रेम की दी। शिक्षा सत्य विचारों की प्रबल विद्युत तरंगे अन्तःकरण को प्रवाहित करती रही। दादा–दादी की दी आध्यात्मिक सीख ने किसी भी प्रकार की चिंता को अप्रभावरहित बना दिया। ध्यान के प्रयत्न ने जीवन को स्वस्थ और सुदृढ़ बना दिया।

शुद्ध प्रेम की तरंगो में बड़ी शक्ति होती है।
जगत की हद छोड़ एक राम को बेहद चाह बैठे।
राम के सिवा पता नहीं चला, पता अपना भूल बैठे।

मुद्दतों से लापता हूँ, सोचती हूँ, किससे छिपकर निगाह मिला बैठे।
देखा हमने बन्द आँखों से, नजर मदहोश हुई, ये कौन बैठा भीतर
पूछा खुद से इतने कम फाँसले पर तो मयखाने भी नहीं होते
ये कौन अमरो के लोक में आई की निगाहो में चमक जाग उठी
फिर चर्चा हुई गली–गली समाधि में खनक राम की जाग उठी
बन्द पलकें देख राम को भर आई, हृदय में समाया सामने खड़ा पाया

एक लम्बी श्वांस लेने के बाद मैंने अपने कमरे का दरवाजा बन्द किया। भीतर में छिपा ज्ञान आज उभरकर बाहर आ रहा था। भीतर मौजूद तत्व का अन्तस् साक्षात्कार करके। आध्यात्मिकता का पेड़ फला–फूला। विशाल रूप में प्रकट हुआ। अब उस परमपिता की महिमा को कैसे लिखूँ। ऊर्जा का स्त्रोत सृजन शक्ति में परिवर्तित हुआ।

मैं जानती हूँ ऊर्जा शक्ति के बारे में लिख कर उपदेशों से केवल बताया जा सकता है। दीदार की तलब हो जिनको नजर ब्रहमज्ञानी गुरु पर नजरें जमाये रखना। चिलमन हो या अस्तित्व का नकाब सिद्ध प्रक्रिया से सरकता जरूर है। अब कोई नशा क्या चढ़ेगा मुझ पर तुम कितना भी पिलाओ, कराओ नशा। मैं ईश्वर के अस्तित्व का अमीरस बेहिसाब पीकर आई हूँ। जब घड़ा भर जाता है तो वो बहने लगता है, मुझमें से बह रहा है। हवाओं में घुला जा रहा है, जो मन्त्र–सहित प्रक्रिया ले ले । मन्त्र–घर्षण की महक से महक उठेगा जीवन उसका भी खिल उठेगा। योगिक दीक्षा लेकर संसारी सूतक पातक से पार होगा। मानव जन्म कर सार्थक मन से विचार–शून्य होगा। योग अग्नि में खुद को तपाना होगा, फिर ज्ञान नेत्र खुलने लगेंगें।

मानव देह का छिपा चिरन्तन आध्यात्मिक सत्य के बगैर शांति नहीं। सत्य मिलने के बाद इच्छायें समाप्त और विचारों पर स्वयं लगाम लग जाती है। वरना मानव की इच्छायें उसको भटकाती हैं। दुःख के थपेड़े खिलाती है। एक बात सभी समझ लें, मानव देह सत्यामृत की प्राप्ति को कर्म अनुसार बार–बार मनुष्य जन्म और मृत्यु मिलती रहेगी। आत्मिक–दर्शन के बगैर न ही आत्मा तृप्त होती है और न ही सन्तोष होता है। श्रद्धा वह प्रकाश है जो उसे साधना और उपासना के पथ से गिरने नहीं देती। जीवन लक्ष्य में विचलित नहीं होता। श्रद्धा, समर्पण के कारण मलिन चित अशुद्ध

चिंतन से बच जाता है। एक बार जीवन पतवार ईश्वर के हाथों में सौंप दें, फिर जीवन में प्रकाश और दिव्यता झरने लगी। जीवन आनन्द से महकने लगेगा। पूर्ण सत्य की प्राप्ति स्वयं प्रकट और विकसित होंगी।

कश्ती पुरानी, मगर दरिया का पानी गहरा भरा अनमोल रत्न
सोचती हूँ साहिल पे बैठ मेरी कश्ती कौन किनारे बाँध गया
रात–दिन का ये अँधेरा भी खास था उजाले का सबुत था
ध्यान की अग्नि में जलाया साहिल का निर्माण कर गया
सकल दुःख–सुख के चक्रवात से निकाल आनन्द से भर गया
बेहिसाब मस्तियाँ है प्रभु एक तेरी दीवानगी में मस्तक धरती हूँ
तेरे अस्तित्व जैसा प्रभु जगत में मयखाना नहीं बहती अमृत धारा
सबको दी श्वासों की रोशनी, मेरी सादगी पर रहम आया
श्वासों में रोशनी की मिठास भर दी वक्त गुजरता रहा
हम नशे में रहने लगे, धड़कनें भी बोल उठी
राम नाम का कश मेरे भीतर महकने लगा
ये रिश्ता विश्वास समर्पण से हृदय में बँधा
ताला ना साकल किसी सबुत का मोहताज निकला

स्वयं की चेतन सत्यता को पहचानना आसान नहीं। यह कोई बुध, महावीर, नानक, कबीर, रविदास जैसा विरला तपस्वी होता है। ब्रह्मज्ञानी व्यक्ति कई बार सामने होता है, अज्ञानवश कोई पहचान नहीं पाता। साधना के शिखर पर पहुँचने का एकमात्र उपाय आत्मविश्वास था। जो ज्ञान की उच्चाइयों पर ले गया। आत्मविश्वास की कुंजी भीतर बन्द चक्रों के ताले खोलती गई। अध्यात्म में प्रगति की राह पकड़ती गई। घोर कठिनाइयों में अपना रास्ता निकालती गई। कठिनाइयों को पार कर आगे बढ़ती गई। बड़ी आशावादी थी। आज मेरे आत्मविश्वास पर हैरानी होती है । अगर मन में जरा भी सन्देह होता तो अपने मार्ग से भटक जाती। इस प्रकार आध्यामिक जीवन से हाथ धो बैठती। इस महान आध्यात्मिक जीवन में सम्पन्न नहीं हो पाती। स्वयं के भीतर छिपी शक्तियों के उद्‌गम स्त्रोत को कभी नहीं खोज पाती और आज संसार के सम्मुख ज्ञान का दिव्य द्रव्य

प्रकट नहीं कर पाती।

महिमा अमिति परिवार नहीं जाना
मैं सत्य केहि भाँति लिखूँ भगवाना।।

परमात्मा अपने बन्दों को राह दिखाने संसार में भेजता है। दिव्य दूत के रूप में कोई विरला प्रकट होता है। शरीर और इंद्रियाँ दोनों ही मन का अनुसरण करती हैं। आत्मा की रचना स्वयं के भीतर देख सकते हैं। साक्षात्कार के बाद किस प्रकार हृदय परिवर्तन होता है, यह मैंने स्वयं जाना। किस प्रकार धार्मिक कुरीतियाँ ध्वस्त होती हैं। किस प्रकार दिव्य दर्शन के बाद शिष्य धर्म जाती के बन्धन तोड़ कर गुरु प्रेम में बहे चले जाते हैं।

सबके पूर्वजन्म का लेखा–जोखा है। गुरु मन्त्र की लहरें सुख–दुःख के पार होती हैं। अतःस्थल के दुनियावी दुर्गम पहाड़ को सहजता से पार कर जाती हैं जिस प्रकार वायु का वेग पाकर लहरें मरुस्थल तक पहुँच जाती हैं। गुरु ब्रह्मज्ञानी है और स्वयं का समर्पण और श्रद्धा है तो मनोव्यवस्था बदलती चली जाती है। केवल मन्त्र से काम नहीं चलता।

आज रात एकाएक आँख खुली। दादाजी की यादों की कुँजी लिए विचारों में डूब गई। स्वप्न में दादाजी की परछाई देखकर पानी बहना। आँख खुली तो एहसास हुआ। ये तो दादाजी की कल्पना आज तक मेरे उन्नत ज्ञान का दर्शन कराती रही हैं। जो उनका प्रेम था। कुछ बिछड़े रिश्तों के सिलसिले इतने गहरे होते हैं कि धड़कनों में हर वक्त चला करते हैं। सोते भी नजर आते हैं। यह बिल्कुल वैसा ही है। कैसे कहूँ कि दादाजी के मुँह से निकली धर्म की बातें आज भी पेट में जमा हो। जहाँ वो खून की हड्डी और मॉस मज्जा में घुल गई हों। यह सीख थी। धर्म के साथ जीने की थी।

स्वप्न में उनको देखकर, उनकी कही बहुत–सी बातें याद आने लगी। कैसे कहूँ अर्धरात्रि में उठ बैठी तो यादो में खो गई सिर घूम गया। आँख खुली तो इधर–उधर ताकने लगी। लगा जैसे मुझे पुकार कर कुछ कहा हो। सूरत ओझल हो गई। वक्ते–रुख्सत की उदासी मेरे मन में छा गई।

उनकी कही बात याद आ गई। मैं थोडा गुम–सी रहती थी। इस जीवन

को पहचानो। सभी इस शरीर रूपी बाँस को बाँसुरी की तरह बजा कर चले जाओगे। सभी स्वयं के भीतर बैठे परमात्मा से बच रहे।

जग में हैं कण–कण स्वाधीन
न कर्ता न धर्ता कोई आत्मा सर्वोपरी
अणु–अणु को स्वयं में लीन देखती
जो चेहरा बदल जाये वो असल नहीं
आत्मा में स्थिर यही यथार्थ सही

दादाजी ने हमें धर्म की बातें बहुत–बहुत सीख देकर कही। जीवन उद्धार के लिए कही। सबसे ऊपर प्रेम की सीख रखी। मित्र, पड़ोसी, परिवार, देश, संसार के लिए जरुरी है। परिवार या पड़ोस में किसी का भी झगड़ा होता उनका बहुत दिल दुखता था। वो कहते थे मन की आँखों से देखोगे तो दुनिया बहुत सुंदर दिखाई देगी। अपने भीतर प्रेम की प्रभात बेला होने दो। आओ, जगाओ प्रकाश अपने भीतर। होने दो प्रभु प्रेम का परम् यज्ञ स्वयं के भीतर। बाहरी यज्ञ तो बहुत आसान है किसी न किसी तरह सब सामान जुटा लेते हो। यह यज्ञ घी, अग्नि, अनाज और फल ड़ालने से पूरा हो जाता है। बाहरी यज्ञ धन पैसे से हो जाते हैं लेकिन भीतरी यज्ञ प्रेम की अग्नि से पूरा होता है। वरना इस संसार सागर की कश्ती पर तुम सभी बोझ हो। प्रेम किसी एक के लिए नहीं सभी के लिए हो फिर सब ईर्ष्या द्वेष का कोई काम नहीं।

सर्वश्रेष्ठ मानव देह
ओम् नमः शिवाय, ऊँ नमः शिवाय
धुना पाणी सिद्धो की वाणी समझे गुरु ने कही शिष्य ने मानी
शिव ही जीवन और शिव से सुंदर कोई नहीं।
शिव ही सत्य, शिव ही सुंदर क्यों कहा गया, सोचो?

मानव को बुद्धि रूप में जो उपहार मिला है उसका उपयोग करिये। असंख्य विचारों से भरकर उसे दूषित मत करिये। विचारों को आजादी से रोकिये, नियंत्रित करिये। अपने आपको टटोलिये। जानिए मरना–जीना

सभी किये जा रहे हैं। स्वयं की असीम शक्ति को व्यर्थ गवा रहे हैं। आप सभी आज से ही जीवन का मूल्यांकन करना शुरू करिये।

छोड़ जगत नाही वन जाय, रह जगत में आपन को देख
गुरु शरण अमृत की खान, भेदे एक शब्द दिया गुरु ज्ञानी
शरण गुरु अपने की रहनी, भवपार करावे राह दिखावे
सकल संसार मेरी एक घोषणा गुरु मन्त्र अनमोल रतन

मानव–देह में छिपी तत्वज्ञान की चादर खोलिए। होइए सृष्टि के अनोखे आवेश से परिपूर्ण। जीवन में पल का भरोसा नहीं। पल–पल कीमती है। यही आपकी असली पूंजी है। इसे व्यर्थ गवाने से बचें। फालतू की निंदा चुगली में समय लगाकर पतन से बचिए। लक्ष्य पर ध्यान रखिये। प्रभु अमृत–रस कौन पीना नहीं चाहेगा। भीतरी आनन्द के लिए स्वयं को रोज एक घण्टा एकांत रखिये, मानसिक जप करिये, ध्यान करिये। व्यक्ति ने अपने शिखर खो दिए। नीचता की तराइयों की घाटी में उतर गया है। प्राकृतिक तत्व को स्वीकृति देना ही नहीं चाहता। प्रयास से घबराता है।

मैंने समाधि की अन्तस् तलहटियों को जानकर प्रभु का आशीर्वाद लिया। ज्ञान और प्रेम की गहराइयाँ जानकर ही सभी के लिए यह सन्देश है। सदैव ज्ञानी कहते हैं अपने जीवन की जवानी को बचाकर रखना। आज भी शब्द याद हैं। कहते थे जवानी उच्छृंखल होती है। इसी अवस्था में बड़े बुजुर्गों और सन्तों सद्गुरु की आज्ञा में रहना चाहिए।

धर्म कार्य की शुरुवात में देरी क्यों? गुरु मन्त्र रूपी प्रसाद लेकर ध्यान की प्रयोगशाला में प्रवेश कर जाए। अध्यात्म में प्रवेश पाना है तो जवानी का प्रयोग धर्म कार्य में करें। किंचित बुढ़ापे में पछतावा नही होगा। युवा–अवस्था की ऊर्जा शक्ति का संकल्प द्वारा सार्थक किया जा सकता है। संकल्प का साहस होना चाहिए। अध्यात्म पचपन (55) नहीं, बचपन का प्रयोग है। वृद्धा अवस्था में धर्म को सुन सकते हैं लेकिन धारण करना सम्भव नहीं। युवा अवस्था 25 से शुरू हो जाती है। 40 तक बहुत ऊर्जावान रहता है। समय को व्यर्थ न गँवाकर स्वयं का कल्याण परोपकार में लगाया जा सकता है। भगवान श्रीराम का युवा अवस्था में वन जाना, रावण का वध कर राम–राज्य की स्थापना करना। एकांत और वन ही व्यक्ति को

बनाता है।

सवाल केवल स्वयं का मनन चिन्तन करना है। सवाल आत्मसाक्षात्कार की यात्रा शुरू करने का है सतसंग – सत्य का संग। सच बोलना कर्म में सत्यता हो। सत्य में बहुत कष्ट देखे हैं। श्रवण कुमार अंधे माँ–बाप को यात्रा करवाता है। श्रवण कुमार, राजा दशरथ के हाथों मारा जाता है। जैसा की सब जानते हैं राम को बनवास हुआ। सत्य की राह कठिन जरूर है।

सत्य के साथ होने पर व्यक्ति स्वानुभव के करीब पहुँच जाते हैं।

सत्य से एकाग्रता बढ़ती है। झूठ से फैलती है। एकाग्रता ज्ञान की नींव हैं। एकाग्रता और सत्य की रोशनी बाहरी भी दूर तक अंधेरों में देखती है। यह अपने अनुभव की बात है। जो किसी को बता नहीं सकते। ज्ञान प्राप्ति के बाद शरीर छोड़ना गौरव की बात है।

आज कई वर्ष गुजर गए। अचानक दादाजी के दर्शन हुए और अर्न्तध्यान हो गए। सभी अपने जीवन में व्यस्त हो गए। सत्य के रहस्य से किसी का कोई मतलब नहीं रहा। लेकिन मैंने अपने जीवन को उच्च और पवित्र बनाया।

लिखते–लिखते रुकी, नजर बरामदे से बाहर गई। देखा गार्डन में रंग–बिरंगे पक्षियों की चहचाहट मची है। ये कौन–से गीत गा रही हैं। कोयल कु–कु करती पेड़ की डाली पर इधर–उधर भाग रही हैं। उनकी हरकतें देख मैं भी मन्द–मन्द मुस्करा रही थी। मेरे मन में विचारों की धड़कने दौड़ लगा रही थी। आज दिल के मौराग में कैसी हरयाली छाई है। पुरानी यादों के गलियारे मुझसे जुड़े सभी रिश्तों की बातें याद आ रही हैं। आकाश में बादलों की घटाओं के साथ सुनी वीणा, जलतरंग, वंसी की धुन, उड़ते पक्षी, सुंदर दिखाई पड रहे थे। लाल–पीली चोंच मुड़ी, गर्दन से देखना मुझे लुभा रहा था। पेड़ों की टहनियों पर उड़ते–गाते उधम मचाते, सौंदर्य को देख मन नाच उठा। आज सौन्दर्य प्राकृतिक ऊर्जा से भी बच्चे वंचित रह गए। ना ही वो पेड़ रहे, ना ही वो पक्षियों का मनोरंजन। मैं प्राय कई बार सोचने पर मजबूर हो जाती हूँ।

मैंने केवल अपनी ज्ञान की प्रयोगशाला पर काम किया है। संध्या और अमृत वेले को नियत कर लिया था। कभी बैठे–बैठे समय का पता नहीं चलता। आधी रात हो जाती। मानव की विशेष खोज में पक्षियों का बहुत सहयोग रहा। कभी–कभी अपना भान नहीं रहता, बिलकुल भूल जाती। कई

बार कौवों की काँव–काँव से जगती। कौवें अपनी नीड़ों की ओर इधर–उधर उड़ते जा रहे होते। कभी–कभी चलते हुए निर्जन पथ के टीले पर बैठ जाती। उस समय का आनन्द कैसे कहूँ? मेघ को देखती तो आश्चर्यजनक तरंगे निकल रही होती। दिव्य ज्योति का सफर स्वर्ग की तरह अनोखी छवि हृदय के द्वार खोल भीतर प्रवेश करती रही।

मैं अपनी कोठरी की और बढ़ रही थी। प्राणी शास्त्र के बारे में सोच रही थी। मनुष्य का सत्य साक्षात्कार उसी की तपस्या भीतर अभिव्यक्त है। पाप–पुण्य कर्मों के अनुसार प्रकट होता है। स्वयं को स्वीकारना होगा। आत्मा रूपी पंछी को शरीर रूपी कैद से निकालना होगा। जंजीर की कड़ी गुरु के आशीर्वाद से सुलझती है। मेरा नवीन कीर्ति का पथ सामने प्रशस्त रहा। मन में आनन्द उमड़ता रहा। मुक्ति की ओर बढ़ती रही। ब्रह्मज्ञान का रहस्य धीरे–धीरे खुलता रहा। रहस्य को जानने की तीव्रता बढ़ती रही। एक दिन अनायास ही स्वयं के भीतर से तीव्र झरना फुट पड़ा। मैं लिखने लगी। स्वयं की जानकारी हृदय के अंगारों को रोंदकर बढना है। शरीर के अंदर छुपी दिव्य सामग्री सहसा प्रकाश बन उभरी। अपने अन्तःस्थल पर अन्धकार में विस्फोट हुआ। सहसा शक्ति चक्र उभरकर सामने आया। यह मार्ग विशेष दृष्टि का है।

आज का मानव बाहरी संजीव सौंदर्य से भी वंचित है। आज सुबह चाय पीकर विचारों को समेटकर सन्तुलित सिकुड़ती श्वास भरती गई। कुर्सी पर बैठी–बैठी समाधि में चली गई। कुछ समय बीत जाने के बाद आँख अपने आप खुली। मन की विचित्र क्रियाशीलता चल रही थी। स्नान करके, सुंदर भगवा चोला पहना। मस्तक पर कुमकुम का बड़ा तिलक भी लगाया। गीले टपकते बालों को समेटा। पूजा–घर में एक पीतल का दीपक जलाया। दादाजी की याद के साथ एक कर्म और जुड़ गया। दादाजी के स्नेह दर्शन में आँखे अक्सर भीग जाती हैं। विचारों ने मन ही मन छलाँग लगाई। मै भी विचारों को देखती गई, चुपचाप मौन हो गई। चकित आँखों में अनिर्वचनीय जिज्ञासा से स्वयं को ही देखने लगी।

बनी कलम मेरी स्नेही संगी एकांत शून्य में लिखने लगती।
कौन मुझसे लिखवा रहा, कांटे हटा, मेरा हाथ पकड़ चला रहा
स्नेह छलकता कागज पर हाथो से मैं कैसे लिखूँ कम्पन मनका

स्मृति संस्कार जागने लगा, तन में उजला विधुत–सा स्फुरण चला
अमीरस मन का बहने लगा, अन्तस् स्नेही अहिंसक प्रकृति से परिचित हुई
आनन्द उत्सव भर आया, शब्दहीन हूँ, संज्ञाहीन स्तब्ध घड़ियाँ पुरानी लौट आई

जिन्दगी इतनी प्रभावपूर्ण रही। मेरे दिल में छाप आज तक बनी हुई है। वक्त तो उड़ चला। ध्यान, समाधि, कीर्तन की व्यवस्थता के चलते सब भूल गई। घर के सामने सुंदर बगीचा था। पड़ोस में मेरी सखीस्मृति रहा करती थी। एक दिन मैं पढ़ रही थी। अचानक उनके घर से चीखने की आवाजें आने लगी। मैं आँगन में गई तो देखा स्मृतिू जोर–जोर से रो रही थी। पड़ोस में घर था, लेकिन कभी जाना नहीं हुआ था। कुछ हमारी माँ बहुत सख्त थी। उस दिन स्मृति की निश्छलता देखी नहीं गई। उसने कई दिन बाद बताया कि उसका भाई पागल है। कभी–कभी मारने लगता है। उस दिन ड़र से तेज चलती श्वासें आज भी याद हैं। इतनी सुंदर लड़की सुस्त–सी निढ़ाल रहने लगी। कई बार देखा, स्कुल से आने के बाद अंदर जाने की हिम्मत नहीं होती थी। कई देर घर के बाहर ही खड़ी रह्ती। मैं उसे क्या हौंसला देती? मेरा अपना जीवन ही अस्त–व्यस्त था। कुछ होश नहीं था। चोट लगने की वजह से चलने में दिक्कत होती थी। वो तीन दिन स्मृति ने मुझसे बिलकुल बात नहीं की। बहुत सुस्त व्यतीत हुए। वह मेरे दिल के काफी करीब रही। हम कुछ दिन साथ रहे। एक अनोखा रिश्ता बन गया जो किसी को खबर नहीं हुई। जिसमें कोई स्वार्थ नहीं था। मैं अपनी मनमर्जी में रही आजाद हालाकि घरवालों को मैं बिलकुल पसन्द नहीं थी क्योंकि पढ़ती नहीं थी। आज तक भी घर के उलझे रिश्तों को सुलझा नही पाई।

मैंने उन्हें छोड़ना बेहतर समझा। कब तक बाँधे रखती। अपनी मनमर्जी की राह अपना ली। खुशी का तो पता नहीं चला। रिश्तों की खींचातानी से दूर चली गई। यह बहुत दिनों तक चली। लगता तो है आज तक बरकरार है। पीछे मुड़ के देखूँ तो आज भी वही माहौल है। कहते हैं खुशी ज्यादा दिनों तक नहीं चलती। यहाँ खुशी नाम का पता नहीं चला।

मैं भी एक अजीब–सा दर्द महसूस करने लगी। मानो भीतर बहुत दर्द

हो, अजीब–सा दर्द। आँखों से आँसु गिरने लगते। मेरे अंदर कोई मुझे मजबूर कर रहा था मै जाऊँ परिवार वाले खुश नहीं होंगे। अपने अंदर दर्द से सुस्त पड़ती जा रही थी। बीमार रहने लगी। तबियत बिगड़ी तो ऐसी बिगड़ी की टाइफाइड हुआ। खाना–पीना सब छूट गया। सिर के सारे बाल उत्तर गए। पूरी गंजी हो गई। तबियत बहुत बिगड़ी। कई महीनों में जाकर सम्भली। डाक्टर की दवा और सलाह पर कई महीने चलना पड़ा।

आज तो यादों का सन्दूक खुल गया। असली अभिलाषा अभी भी मन में उदय का पता नहीं चला। गाँव से कई महीने बाद दादाजी आये। उन्होंने सर पुचकारा। उन हाथो में असीम प्रेम और शांति महसूस हुई। मै फफक–फफक कर रोने लगी। मेरे पागलपन पर अचानक सभी हँस पड़े। लगता था अभी तो तबियत सम्भली है, शायद इसलिए गाँव जाना चाहती होगी। मैंने रोते हुए बोला मुझे आपके साथ चलना है। दादाजी चुप से हो गए। उपस्थित परिवार के लोगों ने नादानी समझी।

आज भी याद है। सन्ध्या का समय था। सूर्य की सुनहरी किरणे दिखाई दे रही थी। रोशनदान के झरोखे से फर्श पर गिरती सुनहरी किरणें दिखाई दे रही थी। पड़ती रोशनी से दीवारों पर चित्रकारियाँ दिखाई पड़ रही थी। उन्होनें भी जैसे रंगीन कपड़े धारण किये हुए हो। इस समय मैं गहरी सोच में डुबी थी फिर भी शांति महसूस हो रही थी। लेकिन कोई कुछ बोला नहीं। मैं अपनी एक पुस्तक उठाकर बरामदे में बैचेनी के साथ इधर–उधर घूमने लगी। पिताजी ने उठ कर माँ को बताया। रसोई घर से माँ के चिल्लाने की आवाजें आ रही थी। हाथ हिलाती इशारे करती बोलती रही – 'अब गाँव जाना है महारानी को। पहले ही पढ़ती नहीं। ऊपर से गाँव जाकर और आजादी मिल जायेगी।' बस पूछो मत किस बात का व्याख्यान करूँ।

पिताजी को बोली – 'आप तो आगा–पीछा कुछ नहीं देखते। आपको पता नहीं ये कैसा बोझ है सिर पर, इसकी शादी करो। अभी आपको दिखाई नहीं दे रहा। काँटों भरा जीवन है। पग–पग धरना कठिन हो जायेगा। दूसरे बच्चों पर इसका बुरा असर पड़ेगा।'

पिताजी बोले – 'अब खाना खाओ, कल देखते हैं।'

मेरे मन में बात जम गई। पढ़ाई में मेरा मन नहीं लगा। मैं गाँव दादाजी के साथ जबरन आ ही गई। दादी के पास आई, दादी तो खुश हो गई। मैं जानती थी मुझको कठिनाइयों का सामना करना पड़ेगा। मेरा भी मिजाज

बिगड़ा हुआ था। बहुत सुन लिए ताने। अब प्रत्यक्ष सब देखना था।

पहली रात गाँव में नींद नही आई। आधी रात का समय था। चाँदनी बिखरी हुई थी। ठंडी–ठंडी हवा चल रही थी। मैं उठी, छत पर आ गई। मैं बगल में हाथ दबाए सड़क की ओर देख रही थी। गाँव में तो करीब तीन बजे के बाद पशुओं के गरजने की आवाजें आने लगती हैं। मुझे एक घंटे से अधिक समय बीत गया होगा। पता ही नहीं चला, दादी कब मेरे पीछे धीरे–धीरे आ गई, मुझे खबर नहीं हुई। जैसे ही गर्दन घुमाई, मुस्कुराई। मैं हँस पड़ी और कहा – दादी आप? दादी आप कब आई? अभी दादी बोली नहीं। शायद कोई मन्त्र जाप कर रही थी। मैं भी सड़क की ओर ताकने लगी, बड़े–बड़े पेड़ों के झुंड को और पेड़ों पर लटकती लतायें। उस सुन्दरता का क्या खुलासा करूँ? जो आज भी याद है। अब तो उन सरहदों को छोड़े भी जमाना हो गया। यादों की भी कैसी माया नगरी है। इतने में दादी ने अपनी माला समेटी और बोली रात को अकेली कदाचित बाहर नहीं आओगी।

सवेरा होने वाला था। सूर्य खुलने लगा। रोशनी फैलने लगी। नजर एक हवेली पर गई। थोड़ी दूर पर एक हवेली अक्सर नजर आती थी। कभी कोई व्यक्ति दिखाई नहीं दिया। बंदरों का बसेरा देखा गया। सुनने में आया कि कई पीढियो ने ऐसे ही देखा, कोई नहीं जाता था वहाँ, ऐसा दादी ने कई बार बताया। जो भी उस हवेली के करीब गया उसका नुक्सान ही हुआ है। ईश्वर की महिमा भी बड़ी विचित्र है। बुरे कर्मों का भोग सबको भोगना ही पड़ता है। किसी भी रूप में भोगना पड़े। आह! तेज हवा पत्तों की खनखनाहट आनन्दमयी महसूस हो रही थी।

कई दिन रोने, ठीक से न सोने पर नींद पूरी न लेने से आँखे सूजी–सूजी नजर आ रही थी। एक चारपाई बिछी थी। मेरा हाथ पकड़ दादी ने बैठाया। मेरा सिर अपनी गोद में जबरदस्ती रखा। कुछ घबराहट सी जरुर थी। अन्धेरा छटता जा रहा था। मन में उपद्रव–सा मचा था। कुछ समझ नहीं आ रहा था। उठती जवानी थी। मन में कल्पना का जौहर तो चल रहा था। मेरी कल्पना अपने आप बढने लगी। मन भीतर ही भीतर कल्पनाओं के पार होने लग गया। जो अध्यात्म भीतर फैला मेरा अपना अनुभव था। मेरे रोम–रोम से झलक रहा जोरों का प्रकाश, मेरे अंग भीतर

अंकित था अस्तित्व का इतिहास। तुम मुझको पहचान जाओ। यह आसान नहीं गहरा राज है।

गुंजा ब्रह्माण्ड रंग समेत ध्वनियों का लगा जमघट। आज मेरे मन में ख्याल आया, यह उपन्यास ही नहीं ब्रह्मज्ञानी के द्वारा लिखे गये ज्ञान के छंद कहानी समेत है। यह मेरा अपना रंग था और लिखने का ढंग निराला। पढ़ने की उदारता आपकी होगी। उपन्यास से ज्ञान भी मिले। संसार में रहकर मन की और तन की दरिद्रता के दूर करने के प्रमाण शामिल हैं। आपका सहयोग हौंसला देने वाला भी होगा। अध्यात्म ज्ञान का लाभ सभी उठायें। मैंने जिन्दगी में घर का कोई काम नहीं किया। अक्सर रातें ध्यान में बैठे–बैठे गुजरी। सबको चुभती जरुर थी। कच्ची उम्र उछलती कुदती मेरे दिल–दिमाग में एक पागलपन भी था। डर भी नहीं लगता था। भीतर ही भीतर प्रभु की लीला के जादू का आकर्षण अत्याधिक था। मैं चित्रकार या मूर्तिकार नहीं कि प्रभु की भीतरी सारी कारीगरी कागज पर उतार दूँ। मैं काली की भगत सदैव काली की उपासना अनुष्ठान अवश्य करती थी। हाँ, बचपन भी काली के आँगन में कालका में बिता। माँ काली के आंगन में खेलते बड़े हुए। माँ काली के दर्शन बचपन में कई बार हुए। शुरू–शुरू में रंगीन चित्र काली माँ शेर नागिन देख कर कभी–कभी डर में सिमटी जरुर हूँ। लेकिन गुरु के बताये अनुसार चलने पर कभी नुकसान नहीं हुआ। दादाजी के पास ज्यादा समय रहने को नहीं मिला। कुछ समय रहने को मिला। लेकिन याद नहीं कितना समय रही हूँ। अंदाजा ही लगेगा।

दादाजी के सान्निध्य से मुझे आश्चर्यजनक अनुभव अवश्य मिले। दादाजी रोज योगा करवाते। एक नियमित जीवन बन गया। ध्यान का समय निश्चित था अँधेरे–अधेरे करवाते थे। दिन निकलने के बाद सब अपने कार्य में लग जाते। उन पलों का आनन्द वायु की झकझोर के साथ जैसे आज भी बह रहा हो। मेरा जीवन उन पलों का आभारी है। मेरी आत्मा को प्रेम, भक्ति, ध्यान सब मिला। ख्यालों में चला समय की करामात है जो आज कलम की शक्ति बन उभरा है। ज्ञान में चला दिव्य जोत का पंछी समाधि में खूब उड़ा। अनेक आकर्षक दृश्य छलक पड़े। यह पता नहीं चला। यह केवल ब्रह्मज्ञानी देख सकता है। नजर का खेल है जो कोई विरला भाग वाला ध्यान में स्वंम को खेल जीत जाता है। जीवन के जंगल में प्रकाश प्रवेश कर गया। शब्दमयी जुबान आज निशब्द हुई है। आज ज्ञान

का प्याला छलक पड़ा खामोश थी। बहुत कुछ छुपाये बैठीथी खुद–ब–खुद चहकने लगती थी। अब जिन्दगी में आनन्द आया। जैसे रेगिस्तान में पानी भर आया हो। ताजगी और हरियाली छाई हो। मैं अध्यात्म देश की नगरी में रहती हूँ। जहाँ अमरस खूब बहता है। बहुत सहा। मत पूछना क्या हाल हुआ सन्यास में आकर। एक–एक का रंग देखा, कर्ज–फर्ज की दुनियाँ से बाहर आकर। दुनियावी रिश्तों का दम निकला। सभी भ्रम टूट गये।

देख सिन्धु का सुखधाम, जोगन हरी की सुख रासी प्यासी निकली। रंग लाई फकीरी मस्त रंग चढ़ा, मत पूछो अब हाल अपना। आनन्द से हुई ओतप्रोत अथाह सुख सागर का पता पाया। डूबी जितना सुख से हुई सरोबार। अज्ञान हटा साक्षात्कार कर ज्ञान बना ब्रह्मज्ञान। आत्म ज्ञान ही ब्रह्मज्ञान है। तपस्या पूर्ण ज्ञान बना अमृत। अब बूंद–बूंद प्रसाद बाटा जाये।

अध्यात्मिकता और भौतिकता का तालमेल बैठ गया। संसार से विमुख नहीं होना। ना ही संसार तुच्छ और मिथ्या है। यह भी अच्छे से जाना सन्यास लेने से या साधू महात्मा बन जाने से भी ज्ञान नहीं मिलता। आध्यात्मिकता का अर्थ स्वयं के अंदर गुरु–मन्त्र घोल–घोल पी परमात्मा को जान लेना है। दुःख–सुख को परमसुख में बदल लेना है।आध्यात्मिक यात्रा छोटे–छोटे सुख को परम में बदलतीजाती हैं। आध्यात्मिक यात्रा की यही महिमा है। कुछ लोग संसार को छोड़ कर नहीं, संसार से तालमेल बैठाकर पूर्ण हो जाते हैं। यहाँ भौतिक इच्छा का महत्व नहीं है। हाँ, आपको संसारी सुख मिले उन्हें प्रभु का आशीर्वाद रामझ कर भोगना है। एक को पाने के लिये दूसरे को छोड़ना नहीं है। जो संसार और संसारियो को छोटा समझे, सन्यास में बड़पन समझे, वो भी संत नहीं है। इसी कारण साधू महात्मा केवल कपड़ो से संत दिखते हैं। भीतर से उतने ही अपूर्ण होते हैं। संसारियो जैसे अपना परिचय परमात्मा से बैठाने में चुक जाते हैं।

प्रभु तो प्रकट है, पुकारना आना चाहिए। कोई जगह किसी देश में खाली नहीं जहाँ प्रभु प्रकट नहीं। दिव्यशक्ति रूप सदैव विराजमान हैं। परमात्मा किसी को बुरा नहीं कहता, न ही संसार को कीचड़ मानता है। जो गुरु कृपा से जाग जाए फिर कण–कण में परमात्मा को देखता है। जागने के बाद वह आध्यात्मिक ब्रह्मज्ञानी व्यक्ति हो जाता है। उसके लिए लोक–परलोक एक हो जाते हैं।

इसलिए आप सभी से यही कहना है। बहुत हुआ अन्धकार का अनुभव, भीतर की सुगंध मानो अन्धकार में सबकी दब गई है। हृदय का सौन्दर्य प्रकाश आपको घेरकर खड़ा है। चार दिन उम्र की पारखी लिखती है। चाँदनी खत्म, फिर अधेर नर्क कुम्भ। जिन्दगी और मौत का फर्क है। यह ज्ञानी–अज्ञानी का फर्क है। गीता में भगवान कृष्ण ने कहा मैं पूर्ण हुँ। अपितु पूर्ण भगवान कृष्ण पार ब्रहम परमेश्वर स्वयं बोलते है उपदेश देने के बाद भगवान को भी याद नही रहा क्या कहा इसलिए मरने के बाद बेहतर को नहीं जान सकते। बिना अपने को जाने स्वयं को जिन्दा समझना भूल है। अपने भीतर के कोहराम को जानिये। अपने कर्मों को देखोगे तो तहलका मच जाएगा। मुझे अपनी लोकप्रियता से कोई मतलब नहीं, ब्रह्मज्ञानी को प्रभु जान लेता है। वह कभी मरता नहीं अमर हो जाता है। यह पुकार आम आदमी के लिए है। जिसको अहसास हो उसकी कश्ती मंझदार में डूब रही है। संसार से नींव उखड़ रही है। उन सभी आत्माओं का स्वागत है। यह तन में आविष्कार मन बुद्धि का है।

जिनके पास कोई आत्मिक अनुभव नहीं, उनसे मांगने जाते हो। जो खुद ज्ञान से बेसुध हैं, सोये हैं घोड़े बेचकरं दिखावा करते हैं असली सम्पदा की, पहचान कर सावधान हो जाना। थोड़ा सजग, थोड़ा सचेत होना है। कुछ तो है, सोचना है जो आप चुक रहे हैं। जिस अदृश्य से सभी अनजान बने हैं। पहले तत्व ज्ञानी गुरु विद्या को गुप्त रखते थे। आज मैं चाहती हूँ कि आप सभी को लाभ प्राप्त हो।

पहली बात आप सभी व्यस्त समय में थोड़ा समय अपने लिए निकालें। एकांत में बितायें। एकांत आरामदेह स्थान बाधारहित नियमित बैठ सकें। जहाँ बाहरी कोई व्यवधान न हो। दुनियाँ से हट जाएँ। समझे मौत आपको घेरे हुए है। उसके दुःख से बचने का उपाय है, कालचक्र से छूटना तो सभी को है। यह वर्तमान और एकमात्र यथार्थ सत्य की सुचना है। प्रकृति सबको किसी न किसी रूप में मौका देती है। अपनी तुलना कभी दुसरे से नहीं करना। शायद आज आप पढ़ते हुए ही बदल जायें।

एकांत शांत स्थान देखकर नियमित बैठक लगायें। खड़े होना है या आराम से बैठना है या लेटना है, आपको अपनी सुविधा स्वास्थ्य अनुसार देखना है। स्थान सुविधाजनक हो। कोई अभ्यास धीरे–धीरे बढ़ाना है। मेरे खुद के अनुभव के बाद सब लिख रही हूँ। ध्यान प्रयोग की कोई श्रृंखला

अपनायें। पहला खड़े–खड़े ध्यान लगाना, दूसरा जमीन पर कम्बल बिछाकर बैठने या सुविधा अनुसार कुर्सी पर बैठना, तीसरा लेटकर कर ध्यान करना।

तीसरा ध्यान लेटकर आम व्यक्ति को भी रात में भोजन की मात्रा कम लेकर रात को यह ध्यान करना चाहिए। पहले दो ध्यान के बाद भी गहरे विश्राम में जाने के जाने के लिए कर सकते हैं। अगर आप बहुत थक गये हैं, काम सम्बन्धी कोई भी मानसिक परेशानी है तो कुछ देर सभी कुछ भूल शरीर को आराम देह अवस्था में लाने के लिए कर सकते हैं। आराम देह अवस्था में जाने के लिए बहुत सहज होगा।

सबसे पहले ढ़ीले कपड़े पहनें। पीठ के बल सीधा लेट जायें। हाथ–पैर ढ़ीले छोड़ दें। श्वांस को छाती की बजाय पेट तक महसूस करें। श्वास को आते–जाते हुए देखना है। कैसे आपको बाहरी हवा का स्पर्श महसूस होता है। उसी प्रकार श्वांस का भीतरी स्पर्श महसूस करना है। कुछ देर बाद मन्त्रों का मानसिक जप के असर को देखना है। किस तरह आपके खुले मुँह और जबड़ों पर असर पड़ रहा है। आपका श्वांस नाभि के मूल केंद्र से होकर गुजर रहा है। श्वांस का मंथन शक्ति आपको आपके आभामंडल का आभास कराएगा।

अब तो विज्ञान ने भी सिद्ध कर दिया है कि मानसिक शक्ति इच्छाशक्ति का प्रभाव विचारों पर पड़ता है। इसी कारण व्यवहार में अंतर आता है, जब गुरु या माता–पिता के आदर प्रेम सहित चरण स्पर्श करते हैं। विनीत प्रेम भाव से झुकना समर्पण दर्शाता है। स्वयं ही गुरु के हृदय से प्रेम सहित आशीर्वाद की संवेदना बहने लगती है। जो स्वयं के आभामंडल में परिवर्तन लाती है। पैर छूने पर गुरु के आभामडल से निकलती दिव्य तरंगे शिष्य के आभामंडल से टकराती है। इस कारण हमारे मनोमस्तिष्क पर प्रभाव पड़ता है। हमारा आभामंडल उर्जावान बनता है। विचारों में नकारात्मक शक्ति को समाप्त करके सकारात्मक सौभाग्य शक्ति में परिवर्तित करती है।

मेरा विचार है कि विचारों में सकारात्मकता भरने पर सत्यता का पागलपन स्वयं को आनन्दित रखता है। इसलिए चुन लो पागलपन की जमात। द्वार सबके लिए खुले हैं। इन्तजार किसका है? ढूँढना किसको है? जो खोया ही नहीं। वक्त के अनुसार भूल पड़ गई है। जो आपके साथ है। भीतर समाया है। बुलाना तो होगा, तैयारी तो करनी होगी। सत्य की खोज मानव तन से होती है, यह कोई चित की खोज नहीं।

क्या आप जानते हैं कि परिक्रमा क्या होती है? परिक्रमा, मन्त्र को जप स्वयं की करनी होती है। मन्त्र द्वारा जप–जप कर स्वयं प्रभु को समर्पित होना है। इसका आध्यात्मिक दृष्टि में बहुत महत्व है। हमारे गुरु मन्त्र के बाद शरीर में समाये देवताओं से समीपता बढ़ती है। हमारा खास मन्त्र सभी प्रकार की पीड़ा और दोषों से मुक्त करता है। भयंकर दोषों से व्यक्ति मुक्ति पा रहे हैं।

वाह रे बंदे! माना सब जगह धोखा पाप है। तू क्यों शामिल होता है। फिर मुक्ति को गंगा स्नान को भागता है। सारे पाप धोये, धोये पापो का गंगा जल मुक्ति के लिए भर लाया। जिन्दगी के सफर में हुए पापो की शिकायतें न हुई। उनसे किनारा न किया। गुरु का सानिध्य प्राप्त न किया।

दूसरा हल्का आँखों को बन्द आप किसी भी स्थान पर बैठ जाएँ। स्वयं को देखना शुरू करें। स्वीकारिये प्रभु आज तक तुझे भुला हुआ था। कहाँ–कहाँ घूम आया। अब वक्त आया है स्वयं की प्रतिभा खोजना चाहता हूँ।

दिन भर की होने वाली क्रियाओं में शामिल की सजगता हो। तनाव रहित कोई कार्य किया जाये। भीतर अपना मन्त्र सदैव याद रखें, इतना करना है। प्रत्येक कार्य होश में रहकर प्रसन्न भाव से करें। सकारात्मक सोच के साथ कार्य करते हुए आप अपने भीतर बसने वाले सौन्दर्य की खोज सहजता से करते जायेंगे। अपनी प्रार्थना का कृत्य भीतर चलाना है। धर्म ध्यान से स्वयं को सजाना है। आपकी गरिमा बढ़ती चली जायेगी। चेहरे पर प्रेम भाव रखना है। कार्य के साथ स्वयं को लयबद्ध रखना है। चेतना जागृत करने के लिए स्वयं को गुप्त मन्त्र की ध्वनि से जोड़ना है। मन्त्रों की गूंजती ध्वनि भीतर महसूस करनी है। इस ध्यान में आप अपने आप गहरे उतरते जायेंगे। अपार शान्ति महसूस करेंगे। लेकिन कोई डर या भय उत्पन्न हो डरना नहीं। उसकी जिम्मेवारी गुरु की होती है। मैं आपको सावधान करती हूँ उसकी जिम्मेवारी मैं नही लूँगी। अगर मुझसे पूछ कर ध्यान करते हैं फिर कोई खतरा नहीं। क्योंकि गुरु से एक बार मिल कर मन्त्र लेते हैं। गुरु मुख से निकला शब्द सदैव रक्षा करता है। मेरा ध्येय केवल एक है, सभी अपने भीतर बह रही अमृत की गंगा में स्नान करें। जाने जीवन की दिव्य महानता। कोई भी दिव्य ज्ञान से वंचित न रहे। सभी अमरस का आनन्द ले सकें। जान सके ज्ञान का अमृत प्रवाह मूर्तियों में नहीं। प्रभु तो अपने भीतर बसा है। सभी को जीते जी असली स्वरूप का दर्शन हो सके।

जो साध्वी माँ से मिलकर गुप्त मन्त्र लेना चाहे, वो मेल कर सकते हैं।
Qksu d j l d r sgS& maaharichetna@gmail.com
08199060991

मैं जोगन अलख जगाने आई हूँ
'स्वयं' का दर्शन कराने आई हूँ
जीवन की पहेली का हल बताने आई हूँ
भीतर समाया अमृत का मयखाना उसे पिलाने आई हूँ
जरा तृष्णा जगाले, भीतर बसी देव नगरी दीया जगाले
मिटटी का नहीं, सोने का नहीं, यहाँ घट का दीप जगाले
अंधेरो की गुलामी में प्रकाश दिखाने आई हूँ
मानव जन्म मिले ना दुबारा, राम को मनाले
आत्मदर्शन कर परम धन पता लगा पहचान बनाले
जीवन में सुख–दुःख की पहेली का हल बताने आई हूँ

भाग्य की बात है, शादी का होना। माँ पिताजी ने सुयोग्य वर देख शादी तय कर दी। मुझे गावँ में दादा–दादी के साथ कुछ रहने को मिला। मुझे खबर नहीं हुई। शहर बुलाया गया, शादी के लिए। निस्संकोच भाव से कहती हूँ कि 17 वर्ष की आयु में शादी होना धोखा हुआ। मेरा विवाह क्यों हुआ? घरवालों ने सोचा शिक्षित परिवार की एक लड़की बिना पढे अशिक्षित, रह जायेगी। बाकी बहन भाई पढ़े–लिखे होंगे। परिवार वाले मेरी शादी करके बहुत सन्तुष्ट थे।

घर से विदाई के समय भाई–बहन काफी छोटे थे। किसी रो कोई बात नहीं हुई। उनके वियोग का सदमा पूजा–पाठ, ध्यान, समाधि से भरती रही। रिश्तों से दिल का बोझ हल्का रहा। रिश्तों को सदैव शिकायत ही रही। परिवार का कोई ऐसा सदस्य नहीं था जो मेरे एकाकीपन को भरता। पिछले 22 वर्षो में जीवन में किसी प्रकार की व्यवधान नहीं हुआ और ना ही किसी का इन्तजार किया। स्नेहशील व्यवहार पर अंकुश लग गया हो। याद नहीं मन कभी रिश्तों की याद में मुरझाया, उस दिन घर से बाहर पैर रखा। परीक्षा तो शुरू हो गई थी। मैं नहीं जानती परन्तु रिश्तों की देनदार नहीं हूँ। मैंने प्रभु के आगमन की राह में आँखे बिछाई। जीवन की गति में स्वच्छ धारा बहती गई।

रिश्ते रास न आये। सदैव कहा–सुनी होती रही। आज लिखते समय रिश्तों की याद से महसूस हो रहा था मेरे स्वर उत्तेजनापूर्ण बरसने को तैयार हैं। मेरे बस में कुछ नहीं था। क्या पता था जीवन का भी। मेरी आँखो के नसीब में अमृत की छलकती बूँदे थी। आज छत पर बैठी धूप खा रही थी। आँखे बन्द कर हल्का–हल्का हाथ मल रही थी। कुछ मीठे शब्द मुँह से अपने आप निकल रहे थे। अपने बारे में सोच रही थी। क्या हुआ सन्यासी महाराज को? ऐसी स्थिति में जिन्दगी किसी के भरोसे नहीं काटी जा सकती। एकांत में रहते हुए वर्षों समाधि का आनन्द लिया। फिर सन्यास में चली गई।

सन्यास तो अपने हौंसले की बात थी। वरना अपनी क्या बिसात। प्रभु से मिलने की रट ने हद कर दी। बिन जाने ईश्वर रूपी सरोवर में कूद गई। जीवन में धर्म भी युद्ध निकला। ना कुछ तेरा, ना कुछ मेरा या जगत तो जोगी वाला फेरा। राजा हो या रंक, सबका एक साचा एक अंत होई। राम नाम शब्द तारनहार, जीवन झूठी काया जान जीव सभी है आनी –जानी छाव। फिर काहे झूठी धन की गठरी बाँधी सारी उमरिया।

सबसे इतना कहना चाहूँ, मैं जोगन बन गाऊँ। अहोभाव भर आओ रे। प्रफुल्लित मन से हो जाओ रे। साहस करो तो पल में मिल जाये कन्हिया रे। बुद्धि की शुद्धि कर विचारों को हटाओ रे। सरल हो अस्तित्व के गीत गाओ रे। दिमाग का वजन भजन से साफ करो।

प्रत्येक पल कीमती है। उसे नजरअंदाज मत करो। हर व्यक्ति को अपने भीतर प्रेम की चिनाई करनी चाहिए। भीतर एक ढलाई भी चाहिए जहाँ से विकार निकलते रहे। कत्ल कर दो वैर–भाव, जीने की सीख बुजुर्गों से लो। यह जरा सी सीख मौत को रास आ जायेगी। हमारी संस्कृति कहाँ जा रही है। किसी को समझ नहीं आ रहा।

सत्य की व्याख्या बिना साक्षात्कार व्यक्ति पढ़–पढ़ पोथी अपने हिसाब से करता है। मत पूछना कोई कुछ बताता है। जिन्दगी का वास्ता श्वास से है उसकी रफ्तार की पहचान कर मौत को भी मात देनी है। समझ लो अधूरा कोई नहीं। परमात्मा ने सबको पूरा कर भेजा है। नास्तिक के समक्ष ईश्वर आ भी जाय तो अज्ञानवश उसका भी अनादर ही करेगा।

संतो ने कहा है, मुर्ख संग दोस्ती नहीं। निगुरे संग रहना नहीं। अर्थात् बिना गुरु निगुरा और मुर्ख आँधी समान है। एक अधूरे को चारों और

अधूरा ही दिखेगा। जो स्वयं भटकता है उसे सभी भटकते मिलेंगे। एक पर नहीं टिकता। गुरु जीवन में ठहराव लाता है जो अध्यात्म के लिए अत्यंत आवश्यक है। जीवन को प्रभु की और से आँख में ज्ञान का उजाला मिलता है। वह किसी न किसी रूप में देता है। भक्ति में ठहराव सृजनता के लिए ज्ञानी गुरु की आवश्कता होती है। जीव अपनी पहचान खो चुका है। बस उसी चेतना की पहचान को पाना है।

आज तक तितली की भाँति हजार रंग लिए खामोश थी। काँव–काँव कौवे शोर अधिक करते रहते हैं। सोचती हूँ, कौवे को किस पर गुमान। जिन्दगी में मैंने धीरे–धीरे अन्तस् में ज्ञान के मोती चुने। प्रभु कृपा से लिख रही हूँ। इस पुस्तक को ज्ञान की लेखनी से सजाया है। जैसे फूल महक उठी, हृदय की नूतन बगिया में। आज तन–मन की सृजनता के पुराने पलों को पन्नो में उतारना आसान नहीं। समझ लो खुद को रखकर प्रभु को इस किताब में लिखा है। जिन्हें मैंने समाधि में कभी लिखा था। व्यक्ति नहीं पिघलते पत्थर दिल हैं। प्रभु का दर्शन साक्षात किया हो तो जाने प्रभु कभी नजर आया ही नहीं। जिन्दगी की असली कमाई प्रभु को बन्द या खुली आँखों से देखना है। अब जगत के दिए दर्द की कहानी भूल गये। प्रभु के प्रेम ने अस्तित्व के दरवाजे खोल दिए। भंडार प्रेम का मिल गया।

मुझे दादाजी की वही प्रेम वाली सिख को लिखना है। बचपन मन का कोरा कागज था जिसमें हजारो किस्से कहानियाँ जमा हैं। कैसे लिखूँ रोज सुबह से शाम बीत रही है।

अनजाने में बहुत गुस्ताखियां हो ली। यह कतई वाह–वाह की बात नहीं है।

यह दादाजी के दिए उपदेश को प्रेम की स्याही से लिखने की मेरी कोशिश है।

प्रेम की गंगा भर अंजुरी यही संकल्प किया
मेरी यादों का संस्कार खुद तर्पण कागज पर करुँगी।

मधुर मुस्कान भर अमृत का प्याला दिव्यलोक से लाइ हूँ। मैं प्रियतम अपने भगवन से मिलकर आई हूँ। जिसके भाग में होगी जो आयेगा उसको एक बूंद मन्त्र सहित पिलाऊँगी। मैंने अस्तित्व में जाकर भोग खूब लगाया। जग के लिए प्रसाद लाइ हूँ। स्वागत करती हूँ, प्रियतम प्रभु का खूब कृपा

बरसाई है। प्यास थी। अग्नि का धुना तपकर पूर्ण बनकर राह अस्तित्त्व की मिल जायेगी। जीवन की मधुरता भरी धरी अस्तित्व में नाच उठी एक बूंद पीकर। छलक पड़ी कलम मेरी कागज पर अवुकता अस्तित्व से खींच कल्पना स्याही बन आई। कण–कण से रस टपके लिखा नहीं जाय।

भक्तजनों सीख लो हुनर। पी लो मधुर रस अस्तित्व के आलय में जाकर। पथ एक ही है बतलाती हूँ। ब्रह्मज्ञानी गुरु राह दिखलाते हैं। राह पकड़ लो अभी दूर नहीं है पथपर चलना तुझको है। ध्यान की राह पकड़ ले, ध्यान साकार कर ले। कानों से सुन कल–कल, रुन–झुन–रुन–झुन चलती वितरण आँखों से निहार। चहक रहा पूरा अस्तित्व महक रही है कली–कली। बजता जाय जल तरंग। वीणा होय झंकृत स्वर्ण वरन। इंद्रधनुष रंगो की खिलखिलाहट बढ़ाती मादकता। माणिक लाल अमृत की धारा। दग्ध ह्रदय में बहती जाती। ऐ ज्ञान के दिवानों! आज तुम्हें बुलाती हूँ। धर्मग्रंथो में लिखा मिलेगा। गुरु के पास साक्षात् अंतस का अमृत है। मन्दिर, मस्जिद, गिरिजाघर की दीवारों को तोड़ बाहर आये। सारे असमंजस छोड़ ध्यान को सुरमधुर नित्य बनाना है। भरना है अपना मन्त्र जप खाली ह्रदय। अलग–अलग राह बतलाने वालों से दूर चलता चल। केवल वाणी में मत अटक। झटक बाहरी आडम्बर। ढूंढ ब्रह्मज्ञानी गुरु को। राह पकड़ एक पथ की। सोच अब तक कितना समय व्यर्थ कर डाला। अमृत पीने की अभिलाषा दुनियाँ के छल से बचाती है। मृत्यु की पीड़ा से बचाता ह्रदय का उजाला।

घर अपना तन 84 लाख योनियों के फंदे को काटता जाये। पंडित, पादरी, मोमिन का जाल समझ आये। मानव देह में यत्न कर सबका स्वागत ब्रह्मांड में होता। हाथ पकड़ ज्ञानी गुरु का। स्वयं गुरु शिव की प्रतिमा। अंतर ध्यान मन्दिर में बैठा। मन्त्र धुनें घंटे घड़ियाल सुने। थिरकती ह्रदय नस और नाड़ियाँ। जर्र–जर्र तन में सुनसान महल। देखा जाय मरघट का वासा।

तन के द्वार कर प्रभात उषाकाल। किरण–किरण छलकाती सुप्त–सुप्त अमृत की धार। बहती अमृत की बेल जलती ना बुझती गजब उसकी ज्वाला। आज लिख दूँ लिखते समय मैं न रहूँ। मैं के अस्तित्व से बाहर आकर उन सभी दिव्य अनुभूतियों को लिख दूँ। उस सत्य हकीकत को

केवल स्वप्न में न बहने दूँ।

मैं योगिनी अलबेली मतवाली निकली भव सागर पार कर चली। जीवन में श्रद्धापन का पागलपन खोज करा गया अमरस की। धन्य भागिनी में योगिनी अस्तित्व विराट को जान चली।

आज लिखते समय दादाजी का वो सच्चा साथ याद आया। प्रेम से आँखों में आँसु भर आये। किसी का भी साथ ज्यादा देर नहीं चलता। कोई भी जहाज समुंद्र में कब तक रूकेगा। गली शहर छोटी–बड़ी लहरों को पार कर किसी तट पर तो रुकेगा। उसी तरह उस दिव्य अनुभूति को शब्दों में उतार कर मेरी रूह को शान्ति मिलेगी। यह उपन्यास पूरा हो, मैं शान्ति से सो सकुँ।

सारी उम्र यूँ ही गुजार दी, ताने सुनते–सुनते। मुझे रास न आये रिश्ते और न आया खुद अपने बने बनाये मिटटी सीमेंट के घरो में रहना। दादाजी के ज्ञान में कोई जादू तो जरूर था। कृपा हम पर थी, ज्ञान जिगर में उतरता गया वैराग्य बढ़ता गया।

अलख जगा गए ज्ञान की, स्नेह प्रेम और विश्वास की
गिले–शिकवे मिटा चले गये, मगंल प्रभात ज्ञान की
नव प्रभात बेला में ध्यान किया, गीत सुने ब्रह्मांड के
दुआएँ दादाजी की

मैं कौन हूँ? जागना आसान नहीं। लेकिन आपको जागना होगा। सोचना होगा कि मैं इस दुनियाँ में क्यों आया? कभी सोचिये आपको मनुष्य जन्म ही क्यों मिला। कुत्ता, बिल्ली, भेड़, बकरी, गाय, भैंस भी ईश्वर बनाकर भेज सकता था। ईश्वर ने अकारण ही नहीं भेजा। कुछ सोच समझकर भेजा है। स्वयं की हकीकत जानो। ईश्वर सभी को विशेष करने के लिए भेजता है। लेकिन लोग भूल जाते हैं।

मानव जन्म का लक्ष्य स्वयं के भीतर सत्य की पहचान करना है। जिस प्रकार नानक, कबीर, बुद्ध, महावीर, ईशा साईं को जन्म मिला। उसी तरह यह कीमती मानव देह दैव गुण पहचान के लिए मिला है। सभी का बाहरी पता फलां का पुत्र, फलां काम करता हूँ। दुनियाँ का पता यहीं खो जायेगा। हकीकत एक सत्य को जानना है।

प्रभु से मिलन की राह को जिगर चाहिए
आत्मा से मिलन को थोड़ा साहस चाहिए
आइये

माया से भागना नहीं। सद्‌गुरु छूटने का उपाय बताते है। संयम, नियम और ब्रह्मचर्य का पालन बताते हैं। सदैव मौन पर जोर देते हैं। मौन मन को एकाग्र करके चित्त की शक्ति बढ़ाता है। प्रथम वाणी का सदपयोग करने से प्रभु प्रसन्न होते हैं। वाणी और जल को समान देखते थे। इनका दुरूपयोग करने वाला ईश्वर का अपराधी होता है।

मन, कर्म, वचन में सत्यता हो। स्वधर्म और भागवत धर्म में निष्ठा रहनी चाहिए। परन्तु अन्य धर्मों के प्रति भी कुभाव नहीं होना चाहिए। सदैव ईश्वर से प्रार्थना करते रहो। ईश्वर मैं तुम्हारा हूँ। मेरे जाने–अनजाने में हुए अपराधों को माफ करना। प्रार्थना में बड़ी ताकत है।

सुबह जल्दी उठो। उठते ही, मन से मीठी कल्पना करो। आज बहुत प्रसन्न हो। प्रफुल्लित आभामण्डल से प्रसन्नचित्त बिस्तर पर कुछ देर बैठे रहे। आशापूर्ण ह्रदय से विचार भरिये। अनन्त बहुमूल्य आपके समक्ष कुछ प्रकट होना है। सोचिये कुछ आश्चर्यजनक अनूठा आपकी प्रतीक्षा कर रहा है। जो सामने है, लेकिन देख नही पा रहे है। आपका दिन सामान्य दिन नहीं रहेगा। बार–बार मनन कुछ ही दिन में पूरा ढंग वर्तुल पर तरंगे महसूस होनी शुरू हो जायेंगी। साथ ही दिन भर का कर्म भी सत्यता से भरा हो उसमें जरा भी झूठ, कपट न हो। कभी–कभी लिखी हुई अज्ञात रहस्य की बातें समझ नहीं आती। प्रार्थना के बाद ही पहला ध्यान शुरू होता है। जब भी सुबह नींद खुले, थोडा होश जगे मैं साक्षी हूँ। भीतर भाव भरना, आँख नहीं खोलना। आनन्दित हो बन्द पड़े रहना। क्योकि आँख खोलते ही संसार दिखाई देगा। संसार के काम नजर आयेंगे और आपका पहला आनन्द प्रभु से जुड़ा है, समाप्त हो जाएगा। सिर्फ साक्षी का भाव भरना है। मै साक्षी हूँ, कर्ता नहीं। बार–बार स्मरण कर भाव भरना है। इसी भाव को सम्भालना होशपूर्वक पहला कदम जमीन पर रखना। कोई भी कार्य करो आपको होश होना चाहिए। होशपूर्वक की यह सब कर्म बाहर हो रहा हैं। जीवन की जरूरत है या शरीर की जरूरत है। जैसे स्नान करना, भोजन करना। करते–करते इस तरह बीच–बीच में श्वांस पर ध्यान ले

जाए। कोशिश करना श्वांस का धागा पकड़े रखे। श्वांस के धागे द्वारा भीतर का प्रकाश पकड़ में आ जायेगा।

अचानक किसी दिन भीतर परमात्मा के सूर्य की किरण फूटेगी। पहली किरण प्रकाश की भीतर खुलेगी जीवन में मिठास भर जायेगी। साक्षी का अभ्यास होते ही काम, क्रोध, लोभ, मोह कम पकड़ेगा। किसी भी अवस्था में जीवन स्थिर रहेगा। दुःख–सुख, सफलता–असफलता। साक्षी को कैसा डर, कैसी कम्पन्न। वह देखता रहेगा। भीतर की सतत् धारा से मजबूती आएगी। ठहर जायेगा किसी प्रकार की आपा–धापी में नही पड़ेगा। यह परम धन की राह है। भीतर ही भीतर प्रभु की तलाश जारी है। जिस दिन खोज पूरी हुई परमात्मा का साक्षात्कार होगा।

सत्य ज्ञान का उद्गार शब्दों से प्रकट करने की कला मुझमें नहीं है। यह आत्मज्ञान प्राप्त करने की क्षमता प्रभु ने बख्शी है जो मानव तन भीतर प्रकाश का गोला है। अध्यात्म की विधि की कथा प्रकट करने की ज्योति प्रदायक है। जो कहा नहीं जा सकता। कहना मुश्किल है।

परम् सत्य की कथा शब्दों से बुनने का प्रयास मात्र है।
सभी को जीवन मिला, जीने के लिए नही मरने के लिए जी रहे हैं।
क्या यह सोचने वाली बात नही है, मरने के लिए मर–मर के जी रहे हैं।
यह पुस्तक उनके लिए जो संसार रूपी रस ले–ले कर थक गए हैं।
साध्वी का घर त्याग और अखण्ड ध्यान के मठ से जुड़ी कहानी है।
आँख के केन्द्रों की मजबूती बुहारती है, ज्ञान की राह के काँटे

कैसे ब्रह्माण्ड वास्तविक रूप को जानने के लिए नौ कच्ची दीवारें की घाटी है। अज्ञान के बताये गए नौ पर्दों को हटाती है। मानव देह पर पड़े आवरण को तोड़ती आगे बढ़ जाती है। उस देह के सम्पूर्ण प्रकाश से मुझे गुरु परमात्मा परिचित कराया। बाहरी किसी वस्तु को देखना मात्र धोखा है। ज्ञान के पर्दे खोलने का वेद ब्रह्मज्ञानी गुरु होता है। खोज उसी की करनी होती है जो पर्दों के पार है। पर्दे के पीछे का भेद जानना है।

इस तरह विवेकपूर्ण विचारों से माया का मोह कम होता है। पहला सम्बन्ध जीव का ईश्वर के वरदान से होता है। माया के पार जाने के लिए मानव को अनेक साधन प्राप्त होते हैं। लेकिन मानव देखकर भी अनदेखा

कर देता है।

प्रतिदिन हजारों जीवों को यम सदन जाते देखता है। फिर भी अपने व्यवहार में कोई बदलाव नहीं लाता जैसे तो स्वयं अमर हो। उनकी बातें उस समय समझ नहीं आती थी। आज कई बार ध्यान में याद आते ही बड़ा आश्चर्य होता है। दुसरों को मरता देखकर स्वयं सुख–सुविधा भोग में रहता है, जैसे अमर हो।

यह सब वृतांत लिखते हुए मेरा हृदय जोरों से धड़क रहा है। यादों की गूंजती हुई ध्वनि की आवाजें साफ सुनाई दे रही हैं। आज उठ कर चलने लगी, गिरती हुई दीवार को पकड़ा, थोड़ा सम्भली। मेरे साहस ने नथुनों से श्वांस निकालकर गहरी श्वांस भरी अंदर को खींच लिया। मन मन्दिर में ले गई सोचने लगी। फिर दादाजी की यादों के जत्थे के पीछे चली। सोच–सोच कर पुलकित हो रही थी। इस समय जीवित होते तो मुझे ज्ञान की उच्चाईयों पर देखते तो कितने प्रसन होते। आज दादाजी के स्वप्न ने यादों का हृदय खोला है।

दादाजी उन दिनों बहुत बीमार तो थे ही लेकिन कभी दिखावा नहीं किया। गाँव में स्कूल हेडमास्टर थे। रिटायर होने के बाद भी अच्छा खासा काम करते थे। नियम के पक्के थे। दादाजी का जीवन केवल दो शब्दों में समाप्त नहीं हो जाता। वे हमेशा नई ऊर्जा महसूस कराते थे। कहते थे – बुढ़ापा तो मरी हुई अभिलाषाओं की समाधि है। कर्मेंद्रिय भले जजर्र हो जायें, चेष्टायें तो वृद्ध नहीं होती। यह बीमारी लगता है पुराने पापों का पश्चाताप है। पुरानी मरी हुई अतृप्त तृष्णा है। दान–पुण्य बहुत करते थे। साल में दो चार यज्ञ भी करवा देते थे। साधु–सन्तों में उनकी असीम श्रद्धा थी। ऐसी धर्मनिष्ठा में उनका कोई स्वार्थ नहीं था। निस्वार्थ करते थे। मेरे मन में यादों के साथ भाँति–भाँति के शब्द बुलबुले की तरह उठ रहे थे। यह मैं समझ गई साधारणतया भी विश्वास समर्पण और प्रेम से भी भीतर ब्रह्मज्ञान का दिया जलता है।

आज सूर्य अस्त के समय दादाजी की अनुपस्थिति की जगह कोई नहीं ले सकता। यादों के साथ समस्त जगह सन्नाटा छाया हुआ था। तभी विचारों में डूबी, लगा हो किसी ने आवाज लगाई हो। मैं हूँ, तुम लिखने का प्रयास करो। आज मन के आग्रह को रोक न सकी। एक बार तो अपने मन

को धिक्कारा। मन में उठे विचारों की भीड़ को चीरती हुई अपनी कुर्सी पर बैठी और लिखने लगी। निगाह दादाजी की फोटो पर गई। आँसू फव्वारे की तरह फूट पड़े। मैं लिखती रही। दूसरे हाथ से आँसु पूछती रही। पूरा दुपट्टा गिला हो गया। कलम चलती रही। मन के आग्रह को रोक न सकी।

आई आज याद उस रात की बैरन कफन ओढ़ा गई दादाजी को। मौन धारण कर चुपके से प्राण त्याग दिए थे। दर्द का कफन मुझे भी उड़ा गये थे। इतना दम नहीं मुझमें कागज पर दर्द अपना उतार सकूँ। बेचैन दिल, तन्हा कलम से कैसे लिखूँ वो अर्थी की रात जख्म देकर चली गई। दादाजी की मौत पे हुआ दर्द की सिलाई सुई कहाँ से लाऊँ? अनछुए दर्द को भी आज लिख जाऊँ। बिछुड़ना भाग्य ने स्वीकार लिया। अब न रही किसी से तकरार, न किसी का इन्तजार। मुस्कुराती तो भी आँखे नम होती। दर्द की अग्नि को अंग छूने न दिया। ध्यान में अग्नि जागृत कर मंगल किया। वक्त ने मजबूर किया सन्यास ले बैठे। सन्यास ने मशहूर हमें किया। दूर तो सभी से हो गई थी। संसारी विष को छोड़कर अमृत का पान किया। श्वांसो की सरगम में मेरा दिल धड़क उठा। आँखों में उजाला, कानो में संगीत जैसे किसी ने आवाज लगाई हो। दर्द में नाच उठी मैं, गा उठी। ईश्वर के बुलाने का अंदाज भी खास निकला। जीवन मेरा सुलझ गया। दुनियाँ में कोई आया–गया, कोई असर नहीं हुआ। जीने की चाहत, ज्ञान ने जगाई। मन में दफन गम सारे जले। गले में माला, रुद्राक्ष की पहनें हम फिरे जगत।

यह लेखन कोई काल्पनिक नहीं जीवन की आहुति दे प्रभु की अनुमति है। आज भी याद है पूर्णिमा की रात थी। हाथ बाँधे बैठी थी। पूर्णिमा की रात साक्षी थी। रूह समाधि में भीगी थी। बीज प्रफुल्लित होने लगा था। फूल खिलने लगा था। हृदय में मादक खुशबू खिलने लगी। अंधियारा जीवन प्रकाश पुंज बना। हो गई थी देह पराई।

क्या लिखूँ? जीवन की कथा माटी का तन समझ आने लगा था।

लगातार कितने वर्ष बीत गए। मै आश्चर्यचकित थी। क्या समझाने की कोशिश कर रहे थे। मन में स्फूर्ति की लहर दौड़ गई। पूरी रात का माहौल प्रेरणादायक हो गया। माहौल यकीनन काफी प्रेरक हो गया। श्वांस की गति धीमी–धीमी चल रही थी। मेरा मन प्रश्न के दायरे से बाहर निकला। उस

रात दो बजकर तीस मिनट मुझे नींद नहीं आ रही थी। मैं छत पर आ गई। अनमने भाव से छत पर इधर–उधर घूमने लगी। बुआ ने तेज आवाज लगाई – राणो। और ऊपर आ गई। एकाएक चौंकते हुए कहा – क्या बुआ? कितने बज गये राणो समय पता है? मैंने कहा – हाँ बुआ। आधी रात अधेरे में सिमट गई। मानो सुबह हो गई हो। बुआ अँधेरे में छत पर गली शांत भाव भर नजर गड़ाए खड़ी हो गई। हरे–हरे पत्तों पर ओस के बिखरे हुए कण–कण चन्द्रमा की चाँदनी में बिखरे हुए थे। बुआ छत की दीवार से सटी गली की ओर मुँह किये एक छाया रूप चलती देख रही थी। अचानक मेरी निगाह पड़ी। होश में जागते हुए बुआ से पूछा, ये क्या है? बुआ बुआ का मन भर आया। बड़े ही बुझे मन से कुछ शब्द बड़बड़ाये, जो मुझे समझ नहीं आये। बोली – चलो नीचे चलते हैं। इतना कहा – मरे के सम्बन्ध में क्या बात करनी। आज तक उस दिन का रहस्य बना हुआ था। लगता है बुआ के जीवन की पीड़ा की आग चिन्तन के पलों को लिखना आसान नहीं। दर्द के क्षणों को लिखना आसान नहीं। पुराना दर्द स्मृति रूप में आज तक अभिव्यक्त है। बुआ को जब भी देखा, एकांत प्रकृति के रंग में रंगे देखा। कई बार अजीब–सी बात करती। अपना दर्द तो कह सुन लेते हैं। लेकिन इन पशु–पक्षियों के दर्द के मर्म की अनुभूति कैसे कराई जाये। बुआ ने कभी कहानी, कोई लेख और नाटक नहीं लिखा। उनकी भावना पढ़ी जा सकती थी । उनके बरसते हुये प्रेम की बूँदे आज भी महसूस कर सकती हूँ। आत्मा को छूकर सोचती हूँ, कैसा माया जाल था?

जगत मरुभूमि की मैं पथिक निकली। सरल विश्वास, सजल श्रद्धा ब्रह्मज्ञान गुथा मन। मैं शीश शक्ति अन्तःकरण लिए बैठी। उपदेश नहीं ये अन्तःकरण श्रद्धा विश्वास का अवलम्बन। मानव तू क्यूँ बाह्य आकर्षण में भ्रमित है। राह में झुलस नष्ट ना कर जीवन। उन्मत छलांग लगा अध्यात्म में। सतगुरु कृपा कर।

दादाजी के जाने के बाद पता चला दर्द की परिभाषा क्या होती है? लगता था जीवनयापन बिना दर्द के सम्भव नहीं हैं। मैंने धर्म धारण कर मन में बिठाया और लिखना शुरू किया। वक्त का पता ही नहीं चला, कहाँ गया। एकाएक शक्तिशाली मन्त्र शब्द का प्रभाव मन पर चला। कल रात याद

करते हुए महानता से कुछ शब्द लिखे।

सीढ़ी मानव तन की मंजिल के पार पहुँचने की राह।

सीखने का लक्ष्य और उसे साधने के फायदे नहीं देखे। फायदा देखने वाले ईश्वर के अस्तित्व से बाहर हो जाते हैं। संसार में कीमती मानव तन का खेल, खेल जाते हैं। उन्हें कुछ हासिल नहीं होता। जो हासिल होता वह अंतिम श्वांस के साथ यहीं छूट जाता है। मैंने जैसे ही गर्दन घुमाई इसी बीच रात की कशमकश में अन्धेरा छटता दिखाई दिया। कई दिन–रात लगातार युँ ही एकांत में लिखती रही। बहुत आनन्दित थी।

सूर्य की किरणें खुलने लगी थी। चिड़ियों की चहकती आवाज सुनाई दी। सुबह के पाँच बज गए थे। फौरन हड़बड़ाहट में उठी। दीवार से टकराई। सिर घूम गया। एक पल को लगा जंगलो में हूँ। प्रशान्त महासागर सामने है। जल्दी उठी और नहाई। सीधा पूजा घर में गई। आज दादाजी की याद से बहुत स्फूर्ति आ गई। लगा हो आसमान से धरती पर उतर आये हों। उसके बाद कुछ खाया फिर अच्छी खासी नींद आ गई। बहुत बढ़िया नींद आई। रात भर कुछ रहस्य भरी आवाज सुनती रही। मैंने सुनी जरूर, परन्तु समझ नहीं पाई। मेरी रूह आनन्दित थी। लेकिन दिल जोर–जोर से धड़क रहा था। फैलता, सिमटता महसूस हुआ। बुरे हादसों से गुजरते हुए। चोट खाते सीख लेते मैं कभी हार नहीं मान सकती थी। स्वयं को काल्पनिक दीवारों से बाहर किया। जीवन जीने का तरीका बदल लिया।

राम नाम हृदय में अच्छे से बसा लिया। अपने इष्ट को हृदय में बसाकर भीतर बुद्धि में बन्द कर लिया। यह मन्त्र हृदय की गहराई में पहुँचता गया। अन्तस् शक्ति जागृत हो, आनन्द समाधि में डूबती गई। बिल्कुल हनुमान जी की तरह सीने में राम–सीता की छवि प्रकाशित हुई। सत्य की दिव्यता महसूस होने लगी। मेरी चेतना ऊपर उठने लगी। सत्य को जानने का सरल उपाय प्रेम ही है जो देने से बढ़ता है।

एक बात स्पष्ट बताऊँ। आज के युग में विश्वास, श्रद्धा और समर्पण की कमी है। वरना आत्मसाक्षात्कार होना तो सम्भव है। सौभाग्य से ब्रह्मज्ञानी गुरु मिल जाए। जीवन में दिव्य घटनायें होनी सम्भव हैं। प्राचीनकाल में कुछ धर्म के लोगों ने मान लिया था कि स्त्रियों को आत्मसाक्षात्कार होना सम्भव नहीं है। यह प्राचीनयुग की बात थी। उन्हें समय नहीं दिया गया।

इतने बन्धन पहले ही डाले गए। उस समय स्त्रियों में समाज का डर, परिवार का डर, साथ–साथ जिम्मेदारियों का घेरा इतना अधिक था कि उसके दिमाग में कभी आध्यात्मिक विचार भी नहीं आये होंगे। यह कहा जाता है कि अध्यात्म के लिए पुरूष का जन्म लेना होगा। इस तरह का अंधविश्वास स्त्रियों में फैला हुआ था।

मेरा स्त्रियों के लिए खास सन्देश है। आज परिवार की जिम्मेदारी निभाते हुए, नकारात्मक सोच को बाहर रखते हुए और पूरे परिवार को प्रेम बाँटते हुए, अध्यात्म में सहजता से प्रवेश कर सकते है। कर्म करते हुए, प्रभु प्रेम और प्रज्ञा को महसूस करना है। गुरु मन्त्र जप से ज्ञान सहजता से उतरने लगेगा। धीरे– धीरे सत्य सामने आने लगेगा। सारे विकार दूर होने लगेंगे। यह विश्वास के कर्म से प्रज्जवलित होता है। सुख–दुःख के बन्धन से मुक्त होना है। शरीर में बँधे चक्रों के बन्धन खोलने हैं। बन्धन खोलने के लिए जीवन में जीवित गुरु की आवश्यकता होती है।

उठते ही कुछ पल भोर के अपने अवश्य निकाले

ध्यान में कुछ पलों के लिए विचारों को देखना है। साक्षीभाव से मैं ईश्वर का बेटा हूँ एक विचार पर ठहरना नहीं है। तेरा–मेरा भाव से बाहर निकल आये। मैं तो तेरे कारण हूँ। आँखे बन्द करके थक गए हैं तो आँखे खोल लीजिये। बिल्कुल हिले बगैर, अपनी दृश्य को उच्च दृष्टि में कुछ पल स्थिर करें। स्त्री हो या पुरुष दोनों कर सकते हैं। फिर भी ब्रह्मज्ञानी गुरु के सान्निध्य में की जाए तो नुकसान नहीं होता। सरलता से सब होता चला जाता है। मैं यहाँ अवस्था का केवल संकेत दे सकती हूँ। आपको घर बैठे एक मौका मिल गया। आप केवल साध्वी के चित्र को सामने रख आत्म–समर्पण कर आत्मदर्शन की ओर बढ़ें। दिव्यता प्राप्त करने का आसान कदम जिससे बहुत लोग लाभ उठा रहे है। उसके बाद एकांत ब्रह्मज्ञानी साध्वी के आशीर्वाद से आपकी श्रद्धा, समर्पण से दर्शन को जाएँगे। आपकी अपनी अनुभूति स्वयं ज्ञान के पहाड़ पर ले जायेगी।

आप संसार की भूलभुलैया से स्वयं ही बाहर निकल आयेंगे। दिव्य खजाने की ओर बढ़ते चले जायेंगे। राम–राम, गुरू शब्द को बार–बार जपते हुए खजाने की ओर बढ़ने की चुम्बक बनती जायेगी। आप ज्ञान की ओर

खींचते चले जायेंगे। इस आनन्द को भीतर ही हृदय में बन्द रखें। वर्तमान मन की व्यर्थ सभी क्रियाओं को बन्द कर इस क्रिया को चलायें। सारी मानसिक परेशानी को दूर भगाएँ। इस तरह ध्यान में बैठने के लिए कुछ समय अपने लिए निकालिये। दिन, रात या सुबह श्याम किसी भी समय वक्त निकाले। दिव्य तेज को जानें। आनन्द भाव से सकारात्मक विचार के साथ बढ़ते जाएँ।

मेरा सन्देश आप सभी तक ज्ञान को पहुँचाना है। अध्यात्मिक खोज का सफर आप सभी के जीवन में प्रारम्भ हो। यह सब लिखने से पहले स्वयं के अध्ययन में जीवन व्यतीत किया। यह कोई पुस्तकों का अध्ययन नहीं है। स्वयं की चेतना जागृत करना है। ध्यान पद्धति कोई भी हो जब समय मिले बैठ जाना। भीतर अनुभव का आनन्द ले लेना। अपना बाहरी और भीतरी सन्तुलन बैठा लेना।

मेरा सफर बचपन से प्रारम्भ हुआ। हाँ, एक बात जरूर थी। गुरु की बताई अनेक प्रक्रियाओं में से जब यह प्रक्रिया की तो जीवन की गुत्थी खुलती गई। अपना अधिक से अधिक समय अध्यात्म की खोज में लगाया। जीवन के रहस्य जानने के बाद यात्रा लम्बे समय तक जारी रही। बाहरी भ्रम से दूर होते हुए रहस्य की गहराई उजागर करती गई। जैसे जीवन की रस्सी किसी और के हाथ में आ गई।

आत्मविश्वास के साथ आत्मज्ञान का रास्ता अपनायें।

आत्मज्ञान, असली ज्ञान जो बाहरी ज्ञान–अज्ञान से परे है। यह ज्ञान आत्मा का विकास है। इस ज्ञान के मार्ग कई हैं – जप, तप, मन्त्र, तन्त्र, योग, सहज गुरु द्वारा दिया मन्त्र ध्यान विधि है। एक ही तत्व बोध प्राप्त करने के मार्ग अलग–अलग है। ईष्वर का अनुभव और साक्षात्कार होना है। यदि आपकी शीघ्र सत्य प्राप्ति की आकांशा हो दिव्य आत्माओ का स्वागत है।

आज दादाजी की आभारी हूँ । मेरी चेतना की दौलत बढ़ती गई। सफलता के शिखर पर पहुँची। उन्होंनें सफल होना सिखाया। कैसे दर्द का लुत्फ भी उठा सकते हैं। असली आनन्द का मार्ग मिला।

सुनहरी धूप के साथ सूर्य की तपिश बढ़ने लगी। मेरी आँख एकाएक

खुली। शायद कोई स्वप्न देख रही थी। मैं एक सुंदर कमरे में प्रवेश कर रही हूँ। दीवारों पर देवताओं की प्रतिमायें बनी हुई थी। आग जल रही थी। सर्दी का मौसम दिखाई पड़ रहा था। आरामदायक कुर्सियाँ मौजूद थी। फर्श पर सुंदर गलीचे बिछे हुए थे। स्थान सुख प्रसन्नता से भरपूर है। मैं उत्कृष्ट सुंदरता और आलौकिक सुखो में प्रवेश कर रही थी।

मेरे जीने की कला गुरु और दादाजी बन गए। इसी कारण मेरे जीवन का आकर्षण तरोताजा और दिलचस्प बना रहा। प्रत्येक मनुष्य दुःख से त्रस्त नहीं, वह सुख को अनदेखा कर रहा है। फर्क इतना सा है। विश्व में सबके आस–पास फैली सुंदरता का आकर्षण भूल गए। इस अध्यात्मिक सुंदरता को प्राप्त करने का समय नहीं है। सत्य की सुंदरता पुस्तकों, तस्वीरों, संगीत में केवल महसूस कर सकते हो, देख सकते हो। लेकिन स्वर्ग की इस अद्‌भुत छतरी में प्रवेश पाने के लिए प्रयास नहीं करते। जो गुरु के द्वारा सम्भव है। सभी ने जीवन की आध्यात्मिक वस्तुओं को बाहर कर दिया है।

मैं एकाएक विश्वास की मुस्कुराहट के साथ उठी। प्रभु हर वक्त साथ है। नजर पड़ी तो देखा बालकनी में रखे पौधों की खूबसूरती और निखार मुरझाने लगा था। उसी समय उठी पहले पौधों को पानी दिया। मुरझाये पौधों में कोमलता देख मन को शान्ति मिली। पौधों में जान आ गई।

जीवन की लम्बी आध्यात्मिक यात्रा शान्ति और विश्वास से भीतर ही भीतर चली। इस महत्वपूर्ण आध्यात्मिक लक्ष्य को आगे ले जाने में उत्सुक थी। जीवन में एक पल ऐसा आया, सभी का त्याग किया। संसारी वस्तुओं की अकांशा छोड़ आगे बढ़ गई।

सभी यही भूल कर रहे हैं। अपने मन में छिपे विचारों में भी नही झाँक पाते हैं। जीवन में अन्तस् का असली पर्दा खोल नहीं पाते।

आज परिवार में सभी कमा रहे हैं, जुझते हैं, आकांक्षा रखते हैं। मनचाही वस्तुओं को हासिल करने में गौरव महसूस समझते हैं। ऊँचा ओहदा, मित्र अन्य सुख–सुविधा की वस्तुएँ मिल जाती हैं लेकिन कुछ समय बाद नया सुख चाहिये। आत्मा के प्रकाश के बगैर सभी दुःख पा रहे हैं। केवल ईश्वर का दिया ये शरीर का समय पूरा करके चले जाते हैं। यही अनमोल रहस्य जीवन का रहस्य ही रह जाता है। जीवन, मृत्यु में बदल लेते है। मृत्यु तो

आनी ही है जो किसी को नहीं छोड़ती। व्यक्ति जीवन का सत्य जाने या ना जाने मृत्यु किसी को नहीं छोड़ती। उसे तो अपना कार्य करना है। अध्यात्म आत्मा में शरीर की धरती पर उपजता है। स्वयं का गहन अध्ययन ध्यान में आँखों पर दबाव पड़ना। यह कुछ पलों की शान्ति नहीं असीम शान्ति के द्वार खोलती है। आपकी नजर ठहर जाए तो आनन्द की ओर बढ़ जायेंगे।

आजकल दिन तो व्यस्त काम ध्यान में निकल जाता जब रात में एकांत होती तो पहले खो–सी जाती। कल लिखने से उठते समय मैंने एक नॉट टेबल पर छोड़ा। पहले उसी पर नजर गई।

उस नॉट पर लिखा था आकाल मृत्यु शोक जनक घटना होती है। आकाल शब्द ही खतरनाक है। जहाँ आकाल लग गया। वहाँ तो सूखा है सब खत्म है। चलो इसकी चर्चा छोडो जाने क्यों लिखा। शायद इसलिए की पड़ोस में कल एक जवान लड़के की मौत हार्ट अटैक से हुई। उनकी दर्द भरी आवाजें सुबह–सुबह कानों में पड़ी। मौत से पड़ोस में बड़ी हलचल पैदा हो गई थी।

आज रात आसमान के तारों को देखते हुए गुजरी। विचारों का दीया युँ ही जल–बुझ करता रहा। आँखों में दादाजी की यादों के आँसु फिर भर आये, जरा सम्भली पलकों में ये क्या था? आज दादाजी की यादों का ये क्या मुकदमा छिड़ा था। बिन तारीख के देह में फटे नक्शों की तरह दर्द। सुनी नसों के बहाव से कैसी आवाजे? शब्द पर शब्द कान में बोलने लगे थे। मैं भी इन्हीं ध्वनियों से निकले शब्दों से एक सत्य उपन्यास बना देना चाहती हूँ। शब्द तलाश कर बीती जिंदगी मेरी कलम से उतार देना चाहती थी। छोटे से दिल को जख्म बहुत मिले थे। याद आते ही पानी आँख में भर आया। जो कभी किसी से कहे नहीं गये। कहते भी किससे, सुनने वाला भी चाहिए। जाने क्या होता, अगर दादाजी की दुआयें न होती।

उस समय तो एक बार सब जलता नजर आया। मेरी जिंदगी की क़हानी भी साधना में संलग्न रहकर शुरू हुई। सृजनशक्ति को उपलब्ध भावपूर्ण सौन्दर्य को व्यापार नहीं, जन कल्याण के लिए पुस्तक में सजा देना चाहती हूँ। मेरा अपना कुछ नहीं, यहाँ कबीर साहिब का दोहा याद आ रहा है –

हे प्रभु!

मेरा मुझमें कुछ नहीं जो कुछ है सब तेरा,
तेरा तुझको सौंपता क्या लागे मेरा।

मेरे पुण्य कर्म थे जो सुकृत्य दिव्य शक्ति की भागीदार बनी। मैंने कभी कुछ सोच कर नहीं किया। हाँ, इतना जरुर पता था कि मेरे उत्साह के पीछे अदृश्य शक्ति जरुर थी। सन्नाटे में जितना रही, सृष्टि की कृपा उतनी ही बरसती चली गई। जीवन को पहचानती गई। आत्मा का सौन्दर्य जानना, जीवन मूर्ति बनता गया। दादाजी के जाने के बाद भी आशीर्वाद स्नेह सद्भाव की किरणें फूटती जान पडती थी।

आज सूर्य की किरणों में नहाई खड़ी किरणों के रंग में फीके रंग में रंगे रंग लग रहे थे। आज सोचा ख्वाब का क्या भरोसा और मौत का भी ठिकाना नही। जिंदगी नेकी के रास्ते पर चली लगा आज ठहरी है। दुनिया से दिल लगाकर कुछ नही मिल सकता। जो एकांतवास में मिल सकता है।

जोगन बैरन बैरागन रहे अकेली उनमनि
लागा अन्तस् रोग भगति करूँ सृश्टि की

जीवन का रहस्य क्या है। यह अपने आपको एकांत में सुनकर पता चला। घोर सन्नाटे में अनगिनत कहानियाँ सुनाई दी। आज रात सोने से पहले सभी से बात हो रही थी। मुझे एकाएक याद आया सभी चिठियों की बातें कर रहे थे। सभी सोने के लिए चले गए।

लगता है फिर भी दादाजी को कुछ खालीपन महसूस हुआ होगा। लगा होगा, इस जीवन के बाद भी कुछ है। दान और स्नान जीवन का उद्देश्य न रहा। वे पिताजी के कहने पर शहर नहीं गए। उन्होनें गाँव में रहना उचित समझा। लेकिन बीमारी की अवस्था में शहर जाना ही पड़ा। उन्हें अस्पताल में दाखिल कर लिया गया। उनके आखरी दिनों में दादी उनके पास न थी। दादाजी शहर में पिताजी के पास रहे। देखने में तो आता है कि उन दिनों काफी बीमार थे। भीतर ही भीतर गहन तनाव बीमारी के कारण दबाव में जी रहे थे। आंतरिक दहन के कारण कमजोर हो गए। इसीलिए शहर चले गए थे।

आज तो मुझे भी झपकियाँ आने लगी थी। लिखते–लिखते घड़ी पर नजर गई, रात के तीन बज गये। मैं आधी रात उठी। आराम देह कुर्सी पर बैठी। कुर्सी पर झपकियाँ लेने लगी। सहसा जोरदार नींद में खर्राटे लेने लगी। हाथ पैर सुन्न पड़ गये थे। शरीर को अलग पड़ा देख रही थी। आज लिखते हुए समाधि में थी। स्वयं पर बड़ा अचरज हो रहा था। होता तो कई बार था। लेकिन तब समाधि में होती थी या कभी इस तरह का अनुभव नहीं हुआ। बड़ी आश्चर्यजनक रात थी।

पता नहीं, कितना समय बीता, अभी कितनी रात बाकी है, कोई होश नहीं है। एकाएक श्वासों की चाल देख घबरा गई। कैसी अभागिन श्वांस आई। मेरे प्राण खींचना चाहती थी। हिम्मत की, उठी, तुरंत श्वांस की नाड़ी बदली। चैन की श्वांस ली। उसके बाद पास पड़े बेड पर लेट गई। एक युग हो गया, पुराना जीवन भूल ही गई थी। सारी देह पसीने से तर थी। एकाएक आँख बन्द की क्षीण श्वांस को सम्भाला।

सावन का महीना था। आकाश में बिजलियाँ चमक रही थी। काली–काली घटाएँ उठ रही थी। मेंढकों की आवाजों से जीवन का आभास हुआ। बिजलियाँ चमक रही थी। चारों तरफ सन्नाटा था। मुझे आज का हाल लिखते मौत ही मौत नजर आ रही थी। कहते हैं पवित्र आत्मा के पास बहुत प्रेत चुडेले साथ रहती हैं। मुझे कई बार आभास होता था। कोई साथ चल रहा है। आवाजें भी सुनती थी। लेकिन कभी तंग नही किया। आज रात भर ऐसा लगा कि आँगन में बाहर कुछ स्त्रियाँ नाच रही हों। मेरे पास आज एक बच्ची आई हुई थी, वह दूसरे कमरे में सोई थी। उसे भी पायल की झंकार सुनाई दी। वह ड़र गई। मेरे पास आकर बोली – माँ मै आपके साथ सो जाऊँ। मैंने पूछा क्यों? उसने भी वही हाल बताया। बिना विचलित हुए मैंने कहा – चलो मैं देखती हूँ। लेकिन उसने मुझे रोक दिया – नहीं। मै हँस कर बोली – लगता है कोई निष्ठावान जप–तप वाली आत्मा है। बच्ची करुणामयी अधीर हो उठी। मधुर स्वर में बोली। आप तो आत्मा के दिव्य घाट में एकांत रोज स्नान करते हो। गुप्त किसी को खबर भी नहीं होती।

खैर, घोर अन्धेरा था। अँधेरे में मुझे दिव्य रोशनी आनन्द देती थी। लेकिन आज पूरी दिव्यता भरपूर रह यह उन्यास का सत्य लिख रही हूँ। आबादी के शोरगुल से दूर रहना। बबूल के जंगलों से गुजरकर हवा का

आना। मीलों तक सन्नाटा था। किसान अपने खेतो में घूमते नजर आ रहे थे।

मेरा कभी नशा लेने को मन नहीं किया । आज तो जी चाह रहा है कि चिलम सुलगा ली जाये। साधू का जीवन पूरा किया जाये। लेकिन मजबूत जिगर रहा। कभी नशा लेने को मन किया। समाधि का बहुत नशा रहता था। अगर आँख बन्द की तो कई घंटे समाधि में चले जायेंगे। नहीं, अभी यह समय लिखने में लगाना है। अरे, ये कैसे विचार घूम रहे हैं। नशा करूँ? क्यों? हल्की निंद्रा में मधुर मुस्कान लिए अर्ध खुली आँखों से गाने लगी।

अमीर आये, गरीब आये बहुतेरे। आज फकीर चले आये, तेरे द्वारे। मैंने जोगी दा भेस बनाया, जिस दिन इस काया में प्रभु तेरा दर्शन पाया। मेरा जन्म सफल हुआ। गुरु कृपा से यह बंधन खुल गया। अब अपने ही भीतर प्रेम की गंगा बहती है। जीते जी स्वर्ग की सैर करते हैं। हम तो तुम्हें अपना सब सौंप बैठे। अपने आप को भुला बैठे।

लेकिन दादाजी जब तक गाँव में रहे, लगता था स्वस्थ हैं। छोटी मोटी खाँसी हैं, ठीक हो जायेगी। खाँसी ऐसी हुई कि ठीक होने का नाम नहीं। दादाजी, दादी से बोले – मैं चेकअप करवाने शहर जा रहा हूँ। गाँव में दादाजी आनन्दित रहते, बातें करते, किसी को महसूस नहीं होने दिया। कोई भीतर ही भीतर बड़ी बीमारी पल रही थी। दादी देखभाल करती थी। हाँ, आज भी याद है कभी–कभी उनकी कराहने की आवाजें रात में सुनाई देती थी। दादी उठकर सम्भालती थी। पानी पिलाती, दवाई देती। मैं मात्र छठी क्लास मैं थी।

आज समझ में आता है दादाजी को भयंकर रोग ने घेरा होगा, जिसकी भनक किसी को नहीं लगने दी। उन्होनें अनमोल श्वांसों को खाली जाने की मंजूरी नहीं दी। श्वांस को राम नाम के साथ लिया होगा। एक भी श्वांस क्वारी नहीं छोड़ी होगी। प्रत्येक श्वांस को भीतर ही जपा होगा जिससे श्वांस सुहागिन बने। परम् प्रेम विवाह श्वांस का अक्सर जिक्र सुना। समझाते थे, जपवाते थे।

आज भी याद है। कहते थे – देह का धागा कभी भी टूट सकता है। यह तो पता नहीं चलेगा। श्वांस है तो सुरती के धागे से प्रभु को बाँधे रखना। श्वांस देह को जान देती है, जीवन देती है। श्वांस को खाली मत चूकना। आती श्वांस के साथ राम, जाती श्वांस के साथ राम जप लेना

वरना बहुत पीड़ा होती है। श्वांस को देह के भीतर–बाहर करने में परमात्मा के बिना बड़ा असहाय सा महसूस करती थी। श्वांस चेतना को शक्ति प्राण भरते हैं। बड़ा अद्भुत चक्रव्यूह है, जीवन रहते समझ लेना। गहरे से समझना। श्वांस अपना पदार्थ शरीर पर छोड़ कर कार्बनडाई आक्साइड बन बाहर निकलती है। सच में बड़ा कीमती अंदाज में सीखा गए। अनमोल श्वासों को वृथा निंदा, चुगली, काम, क्रोध से दूषित न करना। मानव जन्म का मौका बार–बार नहीं मिलता, इससे न चूकना।

श्वांस ने केसर रंग घोरी, खेली खूब अन्तस् प्रभु संग होरी
खूब सुनी बाजत ब्रह्माण्ड झांझ, मृदंग, ढ़ोल, शंख, वीणा, एकतार
चहुँ ओर आनन्द मंगल खूब बरसे, फूल साधव, देव, मुनी मचाये शोर
इत घूमे राधा रानी उत बैठा कुँवर कन्हाई, शोभा दोनन की कहि न जाइ
कण–कण ब्रह्माण्ड बाजे बधाई युगल जोड़ी की शोभा बरनी न जाइ

शास्वत प्रभु एकमात्र शब्द प्रकट कर लेना। मौन द्वारा परम् पूर्ण चेतना है, खोज लेना। निराकार की रचना सृष्टा धारण कर्त्ता का चिंतन कर लेना। एक शब्द राम शब्द अनदेखे लोक में पहुँचाये। फिर कुछ कहने को नहीं। पूर्ण सन्तुलन से अपने केंद्र में शब्द एक कोई भी हो। ओम, राम, कृष्ण को मन में बैठा लेना।

एक दिन दादी बहुत उदास थी। उन्होंने मुझे बुलाकर मिठाई की तश्तरी रखते हुए कहा – मेरी रानी बेटी एक खत लिख दो। उनका प्रकाश प्रेम सुगंधमग लहर आज भी आँखों में समाया दिखाई देत है। दादी ईश्वर से कुशल मना रही थी। आज दादाजी की बहुत याद आ रही थी। दादी ने जाने–अनजाने कितनी मनोतियाँ मन ही मन कर डाली होंगी? काँपते हाथों से बोली – ला वो माला जो तेरे दादाजी के संग गुँथी थी। खामख्वाह दिल्ली चले गए। यहाँ भी तो इलाज हो सकता था। दादी के क्रोध में भी प्रेम दिखाई दे रहा था। बस मैं इतना चाहती हूँ कि किसी का आश्रित होकर न रहना पड़े। उन्हें खाने का कितना शौक था। ठाट–बाट से चलते थे। पता नहीं तेरे दादाजी की खाँसी कैसी है, रात भर खाँसते थे। खाँसी तिल भर नहीं रूकती थी। दवाई देती, तब कुछ आराम पड़ता था। यह दशा

देखकर कुछ डर गई। और तो मेरे मन में कुछ न आया भाव विभोर हो दादी को देखने लगी।

कुछ देर मैं तो मूर्ति भाँति खड़ी रही। दादी को देखती रही। उनकी बातें सुनती रही। साथ में एक पँखा पड़ा था। अकस्मात उसे उठाकर झेलने लगी। साथ में एक मेज पड़ी थी, उस पर पानी का गिलास रखा था, मैंने पानी पीया। एक हाथ से अपने बहते आँसु पोंछने लगी। मैं अपना मुख छिपा रही थी। अचानक दादी को आँसु दिख पड़े। हाथ पकडा बोली – क्यों रोती है मेरी बच्ची। दादी अपने हाथ से मेरा हाथ थाम मेरा सिर धीरे–धीरे सहलाने लगी। फिर दादी ने मुझे अपने पास बैठाने की कोशिश की लेकिन मैं नीचे कालीन पर बैठ गई। ईश्वर से कुशल मना रही थी, दादी जल्दी सम्भल जाये।

मैं बोली – कैसा जी है, दादी। दादी मेरा सिर पर धीरे–धीरे मलने लगी। दादी को देखकर कुछ ठीक लगा। आज मन में दादाजी की यादों का संग्राम छिड़ा हुआ था। जीवन में पहली बार इतनी दारुण व्यथा हुई। तबियत अधिक खराब थी,, मुझे ऐसा लगता था।

दादी बोली दादाजी से मिलने को बहुत दिनों से उत्कंठा थी। परन्तु कुछ ऐसा हुआ नहीं की मिलती। तुम्हारे दादाजी को गए कई महीने हो गए। कोई सम्पर्क नहीं हो पाया। साथ ही बच्चे भी टालते रहे। बाबूजी जल्दी आ जायेंगे। आपकी तबियत भी ठीक नहीं है। कभी–कभी पुरानी तस्वीर देख कर मुस्करा लेती हूँ।

लेकिन आज दादी की मुस्कराहट के पीछे अदृश्य आँसुओं को साफ देख पा रही थी। जिनके साथ मैंने अपने जीवन के बेहतरीन दिन गुजारे। उन बीते दिनों को कैसे भूल सकती हूँ। कुछ रिश्तों की याद जड़ों तक मार कर जाती है बातें ही याद नहीं आती इतना पुराना वृक्ष–रूपी रिश्ता, सत्य यादों का झोंका दे जाता है। जैसे लगा मैं बालू की जमीनपर खड़ी हूँ। आज मेरी कल्पना ही नहीं समझना। मैंने देखा दादी का चेहरा उतर गया। लगा जैसे कच्चे रंग पर पानी पड़ गया।

दादी की देह सुन्न आँखे कुछ मन्द दिखाई पड़ी।
मैं बोली दादी बोलो भी अब क्या लिखना है।
मैंने अपनी कॉपी से पेज लिया और पेन लिया।

मैं लिखने बैठ गई।

यह पत्र पूरा दादी की तरफ से लिखा।

पूजनीय दादाजी

मेरा प्रणाम

आज दादी बहुत उदास है। उन्हीं के कहने पर यह पत्र लिख रही हूँ। दादी बता रही है कि आप कह कर गए – इतना समझ लो बाजार जा रहा हूँ अभी आया। बस समझ लेना। उस दिन दादी के भीतर एक तूफान सा उठा था। यह मेरी मधुर शांति को छिन्न–भिन्न किये डालती है। चार दिन की बीमारी का कह कर गए। मैं खातिरदारी करती ठीक हो जाते।

दादाजी आप दादी को चिड़ा कर गए, तुम्हारे लिए इमली लेकर आऊँगा। लेकिन आपको दिल्ली गए आज एक–एक करके कई महीने निकल गए। एक सप्ताह बाद इमली का साम्भर बनाना था। अब तो भूल ही गए होंगे। दादी को बहला गए।

आज दादी का मन बैचेन–सा है, घबराहट भी हो रही है। कुछ अच्छा नहीं लग रहा। दिन भर दरवाजे की ओर ताकती रहती है। अब तो पुराने दिन याद आने लगे हैं। स्कूल से आयेंगे, साईकिल की घण्टी टनटन बजाते हुए अंदर आयेंगे। जोर से चिल्लायेंगे, चाय लाओ। लेकिन जब साईकल पर नजर जाती है तो याद आती है कि आप तो शहर गए हैं। आजकल वही घण्टी याद आने लगी है।

मेरी दवाई का भी कोई समय नहीं रहा। समय भी समझ नहीं आता। कम से कम ये लाल–पीली गोलियों का तो समझाकर जाना था। गौ माता भी रोज दरवाजे पर बोलने लगती है। दरवाजे खड़ी होकर चली जाती है। मुझसे उठा नहीं जाता। रोटी देने को कल छोटी बहु ने रोटी डाली तो मुँह फेर लिया। कल शाम मन्दिर गई ताँगे पर बैठ कर। उतरते समय कमर में हल्का झटका लग गया। ताँगे वाले ने एकदम हाँक दिया। अब कौन झगडा मोल ले। आज जीवन में बहुत अकेलापन महसूस हो रहा है।

आजकल कलेंडर भी उसी तरह पड़ा रहता है। कोई नहीं पलटता, ना जाने कितने दिन हो गए आपको गए। चुप रहना प्रमाण नहीं कि आपको मेरी खबर नहीं। कर्ता–धर्ता ही चला जाये किसको शिकायत करूँ। यहाँ सहायता की याचना करना अंधे के आगे रोना है। अपने घर आओ, तुमसे

बातें करके दिल का बोझ हल्का हो। आजकल दिन–रात का भी कोई हिसाब नहीं रख पा रही। सब लोग मुझसे जूठ कह रहे हैं कि आप ठीक हो। मुझे विश्वास नहीं होता, आप ठीक हो। अगर ठीक होते तो आ गए होते।

आप अपने सर्दी के कपड़े भी नहीं ले गए। अपनी जर्सी, मफलर, टोपी कुछ नहीं ले गए। आजकल अच्छी खासी ठण्ड हो गई है। आपको ठण्ड लग जायेगी, इसलिए पत्र के साथ कपड़े भी भेज रही हूँ। रामलाल सरपंच का बेटा शहर जा रहा है। उसके हाथ भिजवा रही हूँ। पहन कर रखियेगा ,वरना ठण्ड लग जायेगी।

कल रात रेड़ियो पर गाना बज रहा था। मैं अपनी मस्ती मे गाती रही। आप बार–बार टोकते थे, गलत गा रही हो। मैं गाती रही, आप टोकने के लिए नहीं थे। कुछ देर को भूल गई कि आप शहर इलाज के लिए गए हैं। मैं आपको मिलने भी नहीं आ सकती। इस खटिया पर पड़े–पड़े मेरी अंखियाँ भी पत्थरा गई हैं। आपको देखे बिना बहुत उदास हूँ। एक बार आपसे बतिया लेती तो शान्ति मिल जाती कि आप ठीक है। मेरे शरीर की यह गति हुई है। दर्द देह में विद्यमान है। देह दर्द में भुनी जा रहा है। न खाने की इच्छा होती है, न पीने की। थकान के कारण न रात को नींद आती है।

सदैव आपके नियम अनुसार काम हुए। मैं बुढ़िया अनुराग की भेंट लिए आपका स्वागत करने को तड़प रही हूँ। आपसे भेंट करने को चित्त उत्सुक है। चार महीने हो गए एक चिठ्ठी भी मुझे नहीं लिखी गई। जल्दी से अपने कुशलक्षेम की सूचना देना। आपका इन्तजार

अंत में आपको दादी की राम–राम। मेरा प्रणाम।
दादाजी जल्दी आओ। आपकी प्यारी पोती

आज पत्र लिखने के बाद दादी ने काढ़ा पीया, मुझे भी पिलाया। दादी बोली – मुझे भागवत सुनाओ। उन्हें भागवत सुनाते–सुनाते कब उंघने लगी, मुझे पता नहीं चला। दादी बोलने लगी – कैसे–कैसे सिद्ध पुरुष हुए हैं। हमारे गाँव में एक बाबा रहा करता था, उसे सभी भैरव बाबा कहते थे।

सूर्य का महत्त्व तो अन्धकार में पता लगता है। वर्षा के दिन जितने

लम्बे होते है उसी तरह सूर्य का इन्तजार भी गहरा होता है।

कई साल गाँव में अलख जगाने आया फिर ना जाने कहाँ गया। कोई खबर नहीं हुई। वह भगवत प्रेम में मस्त रहता दरवाजे पर खड़ा होकर बस ओम नमो नारायण का भजन करता। कोई भिक्षा दे या ना दे परन्तु वो दुआयें देना नहीं भूलता था। बड़ा सिद्ध था। भक्ति भी बड़ी तपस्या से मिलती है। धुनें की बारो मास तपस्या करता था। अपने में मग्न रहता था।

श्वांस का ऋण चुकता कर लो। मर जाओगे, अज्ञान की चादर तान के। एक सफेद चादर का कफन याद रखो। प्राणों को बचा लो, आती काल की आंधी। खेल रही है काल से भीतर आती–जाती श्वांस।

आज अचानक पुरानी यादें ताजा हो गई। विचारों का मेरे भीतर गजब का कोलाहल चला। दादाजी का कहना था। आप स्वयं अपने भाग्य विधाता हैं। निराश व्यक्ति अपने जीवन में सुख, सफलता और स्वास्थ्य से परिपूर्ण जीवन से हाथ धो बैठता है। स्वयं अपने भाग्य निर्माता बनो। अपनी असफलताओं का दोष भाग्य पर मत मढ़ना। अपनी इच्छाशक्ति संकल्प बनाये रखना। कठिनाइयों में लड़ने की शक्ति बनी रहे। अपने जीवन की खुशियाँ बनाये रखने में कामयाब हों।

आज चित्त वृत्तियों में परिवर्तन दिखाई दिया। शनैः–शनैः ज्ञात हुआ। मेरा कर्त्तव्य मेरा हिन्दू धर्म और स्त्री धर्म आश्चर्यजनक दिखाई दिया। जो आज दादाजी की परछाई के सम्मुख थी। कदाचित स्वप्न की घटना काफी देर तक समझने की कोशिश करती रही। आज जो भीतर से ब्रह्मज्ञान पाया है। दृढ इच्छाशक्ति और संकल्प ने जीवन को ज्ञान से परिपूर्ण बनाया। एकाएक उसको लिखने का साहस कैसे आया? यह मैं भी नही जानती। प्रेम और प्रतिष्ठा से मेरा हृदय भर गया। लिखने के विचार से हृदय फूल भाँति खिल गया।

धर्म का अनुसरण करने के कारण भीतर छिपी शक्तियों का भण्डार खुला। इन शक्तियो के कारण जीवन में अनेक आश्चर्यजनक अवसर देखे। इस कारण विश्वास और दृढ होता गया। अपने जीवन की सच्चाई जानकर धर्म की शक्तियो के साथ जीवन जीना। अद्भुत सन्तोष प्राप्त हुआ। मानव जीवन का मूल्य ज्ञात हुआ। यह अलौकिक आनन्द उपलब्धि हरिहन्ता है।

आयु का जीवन में कोई मतलब नहीं जब तक सच्चे अर्थों में जीवन का आध्यात्मिक मूल्य ज्ञान हो। स्वयं से परिचित होना नितान्त आवश्यक है।

मानव जीवन का पूर्ण विकास हो सके। जीने की कला को मैंने उपलब्धि के बाद ही जाना। आम आदमी को भी आत्मदर्शन हो सकते हैं। केवल ब्रह्मज्ञानी गुरु के मार्गदर्शन की आवश्यकता है। बाहरी सामर्थ्य शक्तियाँ ज्ञान के लिए पर्याप्त नहीं है। मानव जीवन का महानतम सत्य की पहचान ही सौभाग्यशाली। अगर गुरु के द्वारा प्रयास किया जाए सत्य घटित अवश्य होगा भले ही देर से हो।

गुरु मन्त्र के द्वारा बिखरी ऊर्जा एकाग्र होती है।

ध्यान क्या है? शक्तियों की एकाग्रता बढ़ती है।

एक दिन मेरा कमरा चोंधमयी प्रकाश से भर गया। दिव्य प्रकाश में अपनी सफलता का कारण दिखाई दे गया। अचानक मन्त्र मुग्ध हो, मैं चिल्लाने लगी, समझ नहीं पाई। उस दिन प्रकाश देखना नसीब हुआ। यह रहस्मयी उद्‌घाटन ऐसी सफलता जिसके आयाम दुनिया से ओझल है। आत्मज्ञान की प्रचण्ड खोज का अनुभव। अगर कोशिश करें तो देर–सवेर सबके जीवन में घटती जरूर है।

यह स्वयं का पौष्टिक बीज का रोपण ध्यान स्वयं रखना है। सभी को अपनी सच्ची समझ और सार्थकता को विकसित करना है। ब्रह्माण्ड की विशालता अपने भीतर से पता चलती है। अध्यात्म शक्ति को भगवान कहा गया है। जैसे गुरु के प्रति विश्वास बढ़ता जायेगा। वैसे ही विश्वास से ध्यान घटता जायेगा। ब्रह्माण्ड में भौतिक तत्वों का सौभाग्यशाली पिण्ड है। जिसे दैवीय विरासत का नाम दिया है। ब्रह्माण्ड की शक्ति पुंज के बिना जीवन अधूरा है। अध्यात्मिक जीवन के रहस्यों का ज्ञाता ही मोक्ष पाता है। ईश्वर का दिया विशाल हृदय शक्तिशाली मस्तिष्क गुरु की कृपा से उजागर हो सकता है। दूर दृष्टि का जबरदस्त लैम्प मस्तिष्क में फिट करके भेजा है।

जीवन की समृद्ध तान शुष्क जीवन में सुनने को मिली। जिस प्रकार पर्वतों से सरगोशियाँ गूँजती सुनाई देती हैं। दुःख की बात मैं पिछला जीवन भूल गई। पीछे मुड़कर नहीं देखा। न हीं कभी सोचा। अध्यात्म की वादियों में खो गई। अपना फर्ज भूल गई। दादाजी की प्यारी पोती दादाजी की मनोकामना को ज्ञान की मूर्त उपन्यास को नया रूप दे सकती हूँ। भूल गई थी दुनियाँ। मैंने गहरी श्वांस ली। वह अनन्त चक्रों की यात्रा सभी कर

सकते हैं। भूल ही गई लिखते–लिखते कि दादाजी तो चले गए। आज बार–बार आग की लपटों की तरह यादें पीछा करती रही।

वो दादी का लिखवाया खत लिखा रह गया। ना ही दादाजी पढ़ सके, ना ही दादी को दोबारा सुना पाई। पत्र हाथ में था की दादाजी की खबर मिली की शरीर छोड़ दिया। दादाजी गुजर गए। मैंने वह खत दादी के हाथ में दे दिया। दादी ने वह खत पास में खुली भागवत में रख दिया।

दादाजी को गाँव लाया गया। कई महीने बाद दादाजी का मृत शरीर ही गाँव लाया गया। पापा गाड़ी से उतरे। सामने दादी चुपचाप खड़ी पापा का मुख ताकती रही।

भीतर मेघ का वह अल्पांश जो कई महीनों से उनके हृदय–आकाश में पक्षी की भाँति उड़ता हुआ नैनों में भर आया। दादाजी की अतीत यादों में झुलसी हुई दादी मुझे और बुआ को गले से लगा लेती। उनके प्रेम की शीतल छाया में हम प्रेम से हरे–भरे रहे। आज साफ महसूस हुआ दादी पर अचानक बिजली–सी गिरी। इस तरह के कठोर आघात की कतई आशा नहीं थी। दादाजी अचानक माया की जंजीरो को तोड़ जायेंगे।

गुस्से में दादी के मुख से पुत्र के प्रति कुछ तिरस्कार भरे शब्द निकले। पिताजी निस्संकोच भाव से बोले – माँ धोखा हो गया। क्या मालूम था ऐसा घट जायेगा। मैंने कई बार कहा – पिताजी गाँव घुमा लाऊँ। लेकिन मैं सरकारी काम से कई महीने से एक केस में व्यस्त था।

पिताजी..... बाबूजी को कई बार कहा
बाबूजी.... ने कहा मुझे मजबूर नहीं करना।
इसलिए नहीं किया सबको मना कर दिया था।

पिताजी बोले – बाबूजी बीमारी का भय भयंकर जन्तु भाँति मुझे निरन्तर घूरा करता। हरदम चिंता में मगन देखा। मुख पीला पड़ गया था। शरीर घुलकर काँटा हो गया था। आधा भी नहीं रह गया था। इतने नौकर, सुरम्य स्थान पर सभी मौजूद रहते थे। लगता है बाबाजी को जीवन का अंधकारमय मौत मालूम पड़ती थी। बाबूजी यह जान गए थे। उन्हें अपने में ही खोये देखा। कई बार कहते मृत्यु को कोई रोक पाया है? कौन रोकेगा?

मुझे चैन से मरने दो।

मैं बोली – आपको पता है दिन पर दिन दादाजी की रिश्तों के प्रति बढ़ती उदासीनता देख कर दादी और चिंता में घुली जा रही थी। दादी बोली – सब समझती हूँ बेटा। कलमुँही बीमारी का सत्यानाश हो, मेरा शिकार क्यों नही किया। मै प्रेम से स्वागत करती। कोई तो उपाय होता जो इन्हें छोड़कर मुझे पकड़ लेती। दादी ने बरामदे में कदम रखा। आँसुओ को रोक नहीं पाई। जरा भी चिंता नही की तुम्हारे बाबूजी ने हमारी। वहाँ भी रोज दो चार मिलने वाले आते रहते होंगे। मगर किसी से बीमारी का जिक्र तक नहीं किया हाँ अपनी धुन में मस्त रहते होंगे। बस अपनी धुन में मस्त रहते थे। हाँ माँ बीमारी की किसी को खबर नहीं होने दी उन पर क्या गरजती है। उन्हें देखकर रोग मालुम नहीं होता था। कोई परिवर्तन भी दिखाई नहीं दिया। रोज कहते कल से नित्य सैर पर जाऊँगा। इस बीमारी को जड़ से उखाड़ फेक दूंगा। लेकिन बैठने तक की हिम्मत नहीं दिखती थी। फल, दूध का सेवन रोज करते थे। उसके बाद माहोल बड़ा गमगीन हो गया। लिखने को जी नहीं चाह रहा। हाहाकार–सा मच गया।

कुछ ही देर में बीस–पचीस हजार आदमियों का एक सागर–सा उमड़ता हुआ चला आया। भीड़ एक प्रेम धारन की आन्तरिक शक्ति का अनुभव करती हुई चली आ रही थी। उनका ताँता न टूटा। सड़क तक भीड़ लग गई थी। उस दिन पता चला उनके प्रेम यज्ञ का, दूसरे यज्ञ तो धन से किये जा सकते हैं। लेकिन सबके हृदय भीतर प्रेम की आहुति डालने वाले दादाजी को भले दुनियाँ वाले भूल जायें लेकिन मैं कभी नहीं भूल सकती।

उनके दाह–संस्कार में ऐसा महसूस हुआ जैसे प्रेम गंगा में सबके पाप प्रवाहित हो रहे हैं। आज अध्यात्म को स्वयं के भीतर से जानकर प्रभु की कारीगरी लिखने के लिए शब्द खो गए हैं। आज अपने हाथ देखकर लगता है प्रभु ने लकीरें तो केवल सजावट के लिए बनाई हैं। किस्मत बनानी अपने हाथ में हैं। पंडितों और ज्योतिषियों के हाथ में कुछ नही।

आज बीती बातों को लिखने से भी कोई समझ पाता है तो अपने को धन्य समझुँगी क्योंकि शब्दों में अहसास लिखा होता है। जीवन का चरम सुख घोर दुःख झेलने के बाद महसूस होता है। थोड़ी देर में दादाजी की क्रिया कर्म की तैयारी शुरू हो गई। सब तरफ सन्नाटा छाया हुआ था। कुछ

लोग बैठे कुछ सिर झुकाये खड़े थे। कल तक किसी को कोई खबर नहीं थी। सबको आश्चर्य हो रहा था। इतनी जल्दी यह क्या हो गया।

दादाजी सबके सामने कैसे अचेत पड़े हैं। मेरी आँखों में पानी की धारें बह–बह कर कपड़ों पर पड़ रही थी। उस वेदना का कौन अनुमान लगा सकता था। एकाएक द्वार पर नजर गई, एक गाड़ी आकर रुकी। उसमें से एक स्त्री उतरी जो मेरे पिता की चचेरी बहन थी। शोर मच गया, लो आ गई रजनी बुआ। वह रजनी बुआ ही थी। वह कानपूर से चली थी। इतने व्यक्तियों को जमा देखकर उसका भी हृदय दहल उठा। उसके कमरे में आते ही लोग सामने से हट गए। माँ अन्य भाभियों के पास बैठ गई। वहाँ अन्य और भी रिश्तेदार थे।

दादी की रुदन आवाज सुनकर थोडा डर लगा। भर्रायी आवाज में बोली – प्राणनाथ आज मुझे छोड़ चले। दादी की आँखों में कितनी वेदना थी अपार प्रेम भी था। दोनों हाथ फैलाकर चीखने लगी, आप पहले क्यों नही आये। कुछ पल बात करके चले जाते, सारी जिम्मेवारी मुझ पर डाल गए। पिताजी ने दादी को बाहों से सहारा दिया और दादाजी के अंतिम दर्शन करवाये। आज दादी की उस तड़प को लिख नहीं पाऊँगी।

सन्ध्या होने वाली थी। देखते–देखते दादाजी की देह ओझल हो गई। कुछ देर राम नाम सत है सत बोलो सत है।ध्वनि गुंज रही जल के उद्वेग में नोका को धागे से भला कोई रोक पाया। कुछ दूर अर्थी की तरंगो के साथ भीड़ चलती दिखी। उसी परवाह में विलीन हो गई दादाजी की सूरत सामने थी। मैं हटाना चाहती थी कुछ देर बाद भँवर में न पड़कर सम्भल गई। राम नाम सत है सत बोलो सत है सत बोलो सत है।

अंतिम संस्कार गंगा नदी में अस्थियों का विसर्जन हुआ। सुबह की किरणों के साथ सदा के लिए सो गए। जारी रहेगा मेरी कलम से सिलसिला लिखने का बरकरार। दादाजी की अंतिम घड़ी की झलक आज भी गुनगुना रही है। इधर–उधर देखा, चेहरा बार–बार आँखों के सामने आये। खेले आँख मिचोली। एक अरसे बाद जीवन का अंत लिखने का प्रयास सफल हुआ। दादाजी की अचानक स्मृति आने के कारण आपकी पौत्री आभारी रहूँगी।

आवाज कानों में पड़ती रही। दादाजी का शरीर चला गया। लेकिन

उनके दिए संस्कारो का रंग उतरने वाला नहीं था। सृजनता का एक पेड़ गिर गया। उसके बीज से कई पेड़ उन्होंने अपने संस्कारों ज्ञान की खाद पानी डाला और बड़े किये। बड़े प्रेम से सींचा। जो कहते, वही करते थे। कथनी और करनी का मेलजोल बड़ा तगड़ा था। जब की उनका संकल्प कहना और करना एक ही होता था। वे सदैव ऊर्जावान दिखते थे। स्थूल देह को ज्ञान और प्रेम की आवश्यकता सबको है।

दादाजी ने प्रेम की घुटी ऐसी पिलाई, बहुत जल्दी समझदार हो गए। अर्थी पोतों के काँधे उठाई गई। अर्थी को काँधे पर झूलती मैं देखती रही। दादाजी की देह का सूर्य डूब चुका था। नवम्बर का महीना था। दादाजी की देह की अवधि पूरी हो चुकी थी। किलकारियों की आवाज आँगन के हर कोने में गूँजती रह गई। बात जज्बातों की है, हाथ की लकीरें, तजुर्बे के साथ बढ़ती गई। खामोशी में शब्द लिखने लगी।

आज आखरी मुलाकात थी, दादाजी की जाती हुई अर्थी से। मन भीतर ही भीतर बोल रहा था कुछ पल जरा ठहरो। हँसती हुई दादाजी की मृत मूर्ति भी मुस्कराती दिखाई दी। इठलाते हुए जैसे काँधे चढ़ी हो बोली कुछ कदम तो चलो।

संग हमारा छोड़ चले, हमारी नादानी लड़कपन को कैसे झेला।
समझदारी में हमें धकेला शिकायतें और अकेलेपन का खत्म किया झमेला
गुजरते वक्त के साथ यूँ गुजर जाओगे करके आँखों को सबकी नम
सबके दिलों में परमात्मा का दिया जला डर भय का किया विसर्जन

मैंने अपनी आँखों पर दोनों हथेली रखी और खूब सिसक–सिसक कर रोई। आज लगता था जैसे भीतर मेघ भर–भर नेत्रों से जल बरसा रहे हो। उस दिन रोना बन्द ही नहीं हो रहा था।

आज एक बार मुझे एहसास हुआ और अपने जीवन की कश्ती डोलने लगी। मुझ पर ही बोझ लगने लगी। खैर, कुछ देर बाद सब भूल गई। चेहरे पर झुर्रियाँ उभर आई थी। संयम इतना की अपने भीतर का युद्ध अपने ही विरुद्ध किसी को न दिखाई दिया। आँगन के लोग शांति से खड़े थे। कुछ लोग कुर्सी पर बैठे थे। मन की दशा अकथनीय थी। चतुर्दिशक सन्नाटा

छाया था।

मन अपना एकाग्र किया गुरु मन्त्र का जाप किया।
मुक्ति हेतु आयाम सिखाया बिना माला हरी नाम जपाया
सिखा चले गए दादाजी खूब हरि नाम कीर्तन सिखाया
बिना व्रत यज्ञ साधन एक ध्यान बैठो एक स्थान एकाग्र बताया

दादाजी चले गए, वक्त बीतता गया। मुझे उनकी प्रेम भरी याद अक्सर रुलाती रही। रात भर दीपक की रोशनी में सोचती रही। सुबह होते ही दीया बुझाया। मन सोचने पर मजबूर हुआ। कितनी दिव्य आत्माएँ दूसरों को रोशनी दे विलीन हो जाती हैं। सूर्य की किरणें ऊपर उठ आई। मुझे दरार से आती हुई किरणों की रोशनी दिखाई दी। मैं उन यादों की अंजली भर लिखना चाहती हूँ। उस शुद्धतम प्रेम में खो जाना चाहती थी।

हे भगवन!
आज प्रारब्ध से मुक्त हुए दादाजी
तन प्रभु तेरे चरणों में अर्पित किया
दादाजी की देह की मिटटी को सलाम
आँगन में लगाया हाथ से नीम आज भी लहराता होगा
अब ना घरवालो से निकलेगा हमारा दर्द

हमारे भीतर दर्द का काँटा तो हम से ही निकलेगा। मुझे उस एहसास को शब्दों में दर्द से पिरोना है। उठी आज निगाहें अपने ही रूबरू हम थे। हमने अब दुनिया के रिश्तों पर ताला लगाने वाले थे लेकिन दादी का ख्याल आया तो चुप सी हो गई। दिल के मकान में ईश्वर का वास तो हो गया था। खुशबू–सा बिखरा दिखाई दिया, दादा–दादी का प्रेम। सब उसी का करिश्मा था। ईश्वर के मन्दिर की तरन्नुम से अपने को भरती गई। दुनियाँ से हटती गई।

आज दादाजी के जीवन की महानतम ओस की बूँदों–सी दस्तक दी। स्वयं की पहचान मैं लिख पाई। मेरे सौभाग्यशाली जीवन में सत्य बहुत जल्दी घटित हो गया। दादाजी एक गुरु का काम भी कर गए। दादाजी

के जाने का दर्द हर लम्हें में भरा था।

खैर दादाजी का दाह संस्कार तो पूरा हो गया साथ ही जीवन में सुख दुःख का चक्र पूरा कर गए। बीमारी जैसी बड़ी विपदा को हँस कर झेल गए। जीवन के दुःख से टूटे नहीं मुक्त हो गए। भविष्य की एक नई दिशा दे गए अपने बच्चों को। बुरे अनुभव भूल जाते हैं, ज़हन में नहीं नाराजगी देखी। हकीकत यह है बीत गया वो समय कभी डाँटते भी थे।

आज प्रभु से प्रार्थना करती हूँ, हे प्रभु! मुझे शक्ति दो। रिश्तों की कड़वाहट दादाजी के रहते जो आज तक सभी से छिपी हुई थी, कहीं उजागर न हो जाये। इस समय शक्तिशाली मस्तिष्क और विशाल हृदय की आवश्यकता है। आध्यात्मिक समझ से शक्तिशाली सम्भावनाओं से भरती गई। वरना आज के दिन दादाजी जाने के दुःख के बोझ से त्रस्त थी। ईश्वर का नाम लिया उसी से घाव भरता गया। यही उपचार था मेरा।

महक रिश्तों से नहीं आई गहरी श्वांसों पे आके ठहरी
रिश्तों के जख्म गहरे थे मरहम अपनी श्वांसें बनी
कोई तो भीतर बैठा कर रहा था कमी प्रेम की पूरी
तन्हा उम्र गुजरती रही, गम में भी हँसी की बाँधी गठरी

व्यक्ति की आयु का बाहरी भी पता चला। लेकिन जीवन का प्रारम्भ तभी से मालूम होता जब स्वयं से परिचित होता है। मृत्यु की घटना तो घटती सबको दिखाई देती है। जीवन का असली अंकुरण होता किसी को दिखाई नहीं देता। जीवन का वास्तव में असली सत्य से परिचित करवा गए। परिवार के लोग नही समझ पाये दादाजी का असली रहस्य। लेकिन मुझे अदृश्य शक्तियो के स्वामिनी बना कर चले गए।

सभी ने दादाजी की कही हुई बात दोहराई।

कहा – क्यों रोते हो? दुखी होते हो? घबराते हो? पिताजी बोले हमने खूब सेवा की है। दादाजी की बातें याद आने लगी। जीवन का प्रारब्ध ही रोने से शुरू हुआ है। यह जो श्वांस चल रही थी, इसकी ही धुन है। इसको सुनो, इसमें लीन हो जाओ। अक्सर दादाजी कहा करते थे – यही प्रभु की भक्ति है।

प्रभु का असली गीत रटे हुए प्रेम से दादी ने मुझे गले लगाते हुए कहे

जो आज भी मुझे अच्छे से याद है। मेरा अन्तस् तो उसी दिन जागृत हो गया। जिसकी खोज सभी बाहर करते फिरते हैं, वह मुझे अंदर ही मिल गया। जब तक हम जीवित हैं वह हर आती–जाती श्वांस से खटखटाता है, परमात्मा भीतर आवाज देता है। उस दिन उम्मीद का समुन्दर दर्द संग बैठा मेरे भीतर मेरी आँखों के संग ऐसा उतरा की नजर का ध्यान बन्ध गया। मैं एकाग्र हो गई। मुझे पता भी न चला। मेरा जीवन तो एक कहानी–सा बन गया। ध्यान बंध गया राम नाम की धुन चल पड़ी। उसी दिन खो गई। ध्यान टूटा उसी दिन मेरी मृत्यु होगी, न टूटा ध्यान मैं समाधियों में चली गई।

उस दिन दादी ने मुझे ढेर सारा आशीर्वाद दिया। किससे कब क्या मिल जाये, यह कोई नहीं जानता। सबका अपना मुक्कदर है। मेरी ज्ञान की रोशनी जली। अर्थियाँ तो पड़ोस से उठती कई बार देखी। लेकिन उस दिन दादाजी की अर्थी उठी, एक दर्दनाक पीड़ा की लहर पेट में उठी। उनका देहांत क्या हुआ जैसे सूरज ठण्डा हुआ हो। आज अतीत आँखों के सामने मूर्तिमान हो गया। भाव सहित्य सागर में यह उज्ज्वल रचना है। जिसकी चमक कभी कम न होगी। कैसे समझाऊँ की सभी अपने भीतर बैठे परमात्मा से बच रहे हो। इस तन रूपी गागर में अमृत रस फूटने दो। अपने भीतर धर्म की मौलिक व्याख्या समझो। आज सभी बातें तो आसानी से लिख सकती हूँ। सत्य प्रेम की कसौटी सृजनात्मकता से करनी चाहिए। ईश्वर का दिया सौंदर्य जानने की कोशिश करनी चाहिए। जीवन का असली प्रभु प्रेम सौंदर्य उत्सव से वंचित रह जाओगे।

स्वयं के भीतर के राग रंग से जुड़ गए तो अपने भीतर कुछ रंग भर पाओगे। भीतर परमात्मा से जुड़ गए, उसी दिन भीतर सृजनात्मक का जन्म हो जायेगा। सभी बातें सुनते थे, समझते भी थे। परमात्मा सृष्टा है, बार–बार सुनते थे। लेकिन ठीक निरीक्षण नहीं निकलता था। विराट अस्तित्व की भाषा सृजनता से समझ आती है।

हम उसी पहाड़ों की तरह बेजान जंगली पत्थर हैं जब तक उस पत्थर पर छेनी हथौड़ी नहीं चलती, तब तक मूर्ति नहीं निखरती। सन्ध्या का समय था। पेड़ों पर कौवे भी पंचायत कर रहे थे। पेड़ पर बैठी चिड़ियाँ भी अपनी प्रसन्नता प्रकट कर रही थी। पेड़ों की डालियाँ झूल रही थी। मेरा कलेजा धक–धक कर रहा था मानो किसी ने अचानक मुझे छेड़ दिया हो।

एक महीना गुजर गया। सभी मेहमान लोग चले गए। दादी ने खोला सन्दूक बिखरा हुआ था मन । ना शब्दो की गू.ंज थी आखे नम थी अनकहे जजवात दिल में दफन कर गयी दिल की तह में पडे गम के फफोलें कोई न देख पाया। जार–जार दादी के पास जितनी नकदी पड़ी थी सब घर में आई लड़कियों की विदाई पर दे दी। दादी के कुछ गहने और पुराने बर्तन पड़े थे। बर्तन ताँबे और पीतल के अपनी बहुओं को दिए। गहने भी बाँट दिए। आज दादी को जाने क्या हुआ? दादी तो हमें खास उपदेश दे रही थी – वह पल–पल श्वांस के साथ आता–जाता है। तेरे दादाजी अक्सर कहते थे – उसी को याद कर। मैं पता नही कब धोखा दे जाऊँ। कब बिना बताये चला जाऊँ। इतना अधिक विश्वास मुझ पर मत कर। याद करने लायक एक परमपिता की शक्ति है। श्वांस के साथ हमारे साथ रहता है। जिस दिन स्वास दूर हुआ, समझना उसी दिन मौत है। यह शरीर मिटटी हो जाएगा। इस श्वांस की कीमत तभी अदा होगी, जब आत्मसाक्षात्कार होगा।

मेरे हौसले की उड़ान ध्यान को तराश कर समाधि की रफ्तार में आगे निकल गई। ज्ञान की की सच्चाई मेरे मन में ऐसी बसी की मैं उसमे लीन हो गई। साथ ही सत्य की किरणें मेरे भीतर फैलती गई। हृदय में शान्ति मिली। बाहर भी अपार शांति बढ़ती गई। मानव जीवन का सही उपयोग मुझे महसूस हुआ। सत्यता की सभी बातें समझ आने लगी। मनुष्य जीवन में ही परमानन्द को प्राप्त कर सकते है। उसका अनुभव हृदय में केवल मनुष्य कर सकता है। मेरे मन में निरन्तर परमानन्द का अनुभव चलता रहा। उसके सामने संसारिक आनन्द क्षणिक ही नजर आया। वह क्षणिक आनन्द भी बाद में दुखः में बदल जाता है। मैंने अनुभव किया।

जो स्वयं सुखी हो वह ही दूसरे को सुखी बना सकता है। क्योंकि जली मोमबत्ती ही बुझी मोमबत्ती को जला सकती है। आज मैं परमेश्वर का धन्यवाद करती हूँ, इस श्वांस को व्यर्थ नहीं जाने दिया। जिसने मुझ पर इतनी नेमते बख्शी। जब–जब मैंने आँखे बन्द की या आँखे खोली, हृदय के अंदर जो दृश्य जाने कहाँ दबे हुए थे वो सभी साफ नजर आने लगे। मैं उन्हीं को निहारती रहती। जीवन का मतलब तो जो भीतर चेतना है जब वह सत्य में मिलती है, वही परमानन्द हुआ। वही सच्चिदानन्द कहलाया। यह अंनुभव निरन्तर चलता रहा। दादी मेरे गले लग कर जो शब्द बोली

वह मेरे भीतर उतरते रहे। उस दिन के बाद दादी मौन हो गई।

आज पूर्ण तौर पर यथार्थ ज्ञान को जानकर लेखनी चलाई है। निस्सन्देह वह सब भीतरी और बाहरी सत्य जानकर लिखना मेरे लिखे पन्नों को मेरी लेखनी अवश्य ही एक सत्य उपन्यास का साकार रूप देगी। पढ़ने वाले की जड़ें हिला देंगी। जिस प्रयोगशाला में मानव तन की काया कल्प उसी के तन में साकार होते देखा है।

आज एक वर्ष बाद भी दादी का मौन लगातार बना हुआ था। कभी–कभार कुछ शब्द मुँह से निकलते थे। उस दिन मैं दादी के कमरे में थी। चारों तरफ अन्धेरा था। आकाश में तारे छिटके दिखाई पड़ रहे थे। सन्नाटा छाया हुआ था। मै दादी के कमरे में और मैंने दादी को आकाश निहारते देखा। मैं दादी की कुर्सी के पास पीड़ी पर बैठ गई। उन्हें देखने पर ऐसा लगता था मानो संसार से जीवन का लोप हो गया हो। उस दिन हवा भी बन्द थी। दादी का चेहरा जल की शीतल धारा दिखाई पड़ रहा था। मुझे उनका तेज जलती हुई अग्नि का कुण्ड नजर आया। अपने सारे काम स्वयं करती थी। किसी को अपने कपड़े तक छूने नहीं देती थी। मुझे कुछ कहना होता बेझिझक कह देती थी। मेरे सिर पर हाथ फेरती। जैसे उनकी उंगलियाँ भी बोलती नजर आती थी।

अद्‌भुत प्राकृतिक छटा उनका प्रेम वृतियों को जगाने वाला था। उनकी उंगलियों का प्रकाश माया के पर्दे को फाड़कर आत्मा को आलौकिक करता हुआ मालूम होता था। मैं आँखे मूंद घण्टों उनके पास बैठ आनन्द लेती थी। आज दादी से कुछ शरारत सूझी।

मौन के अंतर द्वंद में फँसी दादी किससे लड़ रही हो।
लत–सी लग गई है आपको जाम–ये–राम नाम पीने की खत्म करो।

अब कुछ बोलो इतना कहना था कि – दादी की आँखे चमक उठी। प्रफुल्लित होकर बोली – यही बात मेरे मन में थी। तुम्हारे दादाजी से यही शंका की। सब यही कहते श्री रामचन्द्र भगवान है। उनके बारे में कोई शंका कर ही नहीं सकता। मैंने एक प्रश्न तुम्हारे दादाजी से पूछा था। सीताजी को बेकसूर होते हुये भी घर से निकाला गया और वह भी चली गई। वह जाने से इन्कार भी कर सकती थी। उस राज्य की रानी थी। राम की तरह

वह भी हुक्म दे सकती थी। इस अन्याय को अस्वीकार भी कर सकती थी। उन पर कोई ऊँगली न उठाता। लेकिन इतना बड़ा अपराध चुपचाप सह गई।

तुम्हारे दादाजी ने बहुत बढ़िया जवाब दिया – पुराना जमाना था। पुरुषों की चलती थी। सती–प्रथा थी। यह अन्याय न स्वीकार करती तो अपने आदर्श से गिर जाती। पति की आज्ञा मानना अपना धर्म समझा।

दादी, मैं यह बात अच्छी तरह जानती हूँ, पुरुषों की आज्ञा माननी चाहिए। चारों दशाओं का सोचकर एक साधारण व्यक्ति न्याय की गुहार लगा सकता है तो क्या स्त्री का अधिकार नहीं है। झूठी निंदा से बचने के लिए स्त्री को बनवास देना कहाँ का न्याय था?

दादी जी – राम राज्य था और राजधर्म के नियमों का पालन करना था। यह संसार को क्या दिखाना था? कैसे आदर्श का पालन था? इससे तो लगता है किसी नाटक का पार्ट था। कोई अभिनय कर रहे हो। यही सिद्ध होता है।

मैं कई बार तुम्हारे दादाजी से पूछती राम की जगह सवाल पूछती रहती। आप क्या करते आप भी अपनी सीता को घर से निकाल देते? कई बार तुम्हारे दादाजी असमजंस में पड़ जाते। आदर्श मान भी लिया जाये यही शंका मेरे मन में कई बार खलती। कई बार रामायण पढ़ते–पढ़ते बीच में सवाल पूछ लेती। समाधान न होने पर इधर–उधर झाँकने लगते। कई बार चाय का बहाना करते। साफ–साफ जवाब नहीं दे पाते। फिर कहते मुझे जल्दी है जरा बाजार जाना है।

उन्हें चुप देखकर मैं फिर सवाल उठा लेती। मेरी कोई निंदा करे तो यही करोगे? जाओ अपने मायके? आप भी निंदा की परवाह करते और गर्भवती स्त्री को घर से निकाल देते?

तब दादाजी कड़क कर बोले – मुझे झूठी बातों की कोई परवाह नहीं।

दादी जी – श्रीराम तो भगवान हैं। आप एक साधारण हैं, आपकी तो अच्छी खबर लेती।

दादाजी – हाँ लेती क्योंकि तुम्हें तो मुझसे प्रेम हो गया है।

दादी – मैं जोर की हँसती, सात–सात बच्चे पैदा किये हैं। आपके बिना प्रेम के नहीं होते बच्चे।

दादी बोलती गई। आज दादाजी की बातों को दोहरा रही थी। अपने मन के भाव प्रकट करते हुए कोई संकोच न हो रहा था।

कई बार मैं चुप हो जाती। नहीं बोलती तो दादाजी झुंझलाते हुए बोलते कि मुँह में दही जमाया हुआ है? बीच में मैंने टोक दिया, आज तो दादी आपके मन में दादाजी की यादों का झरना कल–कल करता बहता जा रहा है। कांच की तरह पारदर्शी आपकी यादों में दादाजी प्रवाहित हो रहे है। उस दिन पूरा सिलसिला लम्बी बात का चला। दादी अपनी ऊर्जा का बहाव कर हल्कापन महसूस कर रही होगी। अपने जीवन के रंग बड़ी खूबसूरती से सृजनता को रागात्मक जीवन को सामने रखा। चैन की नींद सोई होगी क्योंकि सोने से सुबह आँखे कुछ सूजी नजर आ रही थी।

सूर्य से सुनहरी किरणें फूट रही थी। धीरे–धीरे किरणों के प्रकाश का वेग तेज हो रहा था। चाय के प्याले खड़कने लगे थे। स्नेही स्वजनो के साथ ही जीवन की परिभाषा समझ आती है। क्योंकि जीवन का बाहरी स्वरूप उन्हीं का घड़ा हुआ होता है। बाहरी जीवन में चुनौतियाँ तो भरी होती हैं जितना मैंने जाना जोखिम भरा भी होता है।

जब स्वम् की जानकारी हो जाती है। सबसे बड़ा रहस्य ईश्वर का स्वयं के भीतर खुलता है। मानव शरीर कैसा तिलस्म है, भूलभुलैया नजर आता है। कैसा गोरखधंधा है?

मुझे तो जीवन हल्का–फुल्का नहीं, सारा जीवन ही रंगमंच नजर आता है। जीवन को गीत की तरह गाया जा सकता है। जीवन गीत नजर आता है, जिसमे पंच स्वर भरे हुए हैं। स्वप्न नहीं है की खो जाओ। सबसे कीमती मानव जीवन परमात्मा की देन है। इसका भरपूर आनन्द और रसास्वादन लिया जा सकता है। आध्यात्मिक भी संसारिक भी, जिसे सफल बनाया जा सकता है।

मैंने माना नहीं, इस दिव्य ज्ञान को जानकर समझ आया। सच्चा रत्न पारखी वही है जो उपलब्धि का सदुपयोग कर सकने वाला भाग्यशाली हो। दादाजी ने यह बात अच्छे से समझाई थी। जीवन का सौंदर्य पहचानो। उससे प्रेम करो वह सब कुछ है। जो मानव जीवन इस सृष्टि में सर्वोत्तम कहा जा सके। उन्होंने भक्ति मार्ग का उपदेश भी दिया। भाव को शुद्ध व प्रगाढ़ रखो तभी भगवत कृपा होगी। भाव जागते हैं सेवा में आनन्द आता है।

आज काफी देर दादी के पास बैठी रही। दादाजी की दो बरसी निकल गई, दो साल हो गए थे। दादी भी कमजोर हो गई थी। उनकी याद में काफी देर बैठी रही। सोचा कुछ लिखूँ, पर लिख ना सकी। खामोशी छाई रही। उनके जाने के बाद मेरा भी पढ़ाई में मन नही लगा।

घर में अक्सर झगड़े रहते थे। मैं दादी की लाड़ली थी, काम भी नहीं करती थी। काम करने की आदत नहीं बनी। खूब डाँट खाती थी। मुझे तो आज सभी मुर्दा बस्ती की तरह नजर आ रहा था।

उस दिन दादी के कमरे में बैठी थी, बड़ी उमस छाई थी। शाम का समय था। दादी को श्वांस लेना मुश्किल हो रहा था। दादी की कोठरी की खिड़की बन्द थी। मैंने फटाफट एक जंगला खोला। फिर मच्छरों का गान शुरू हुआ। कानों में जोर–जोर की भीं–भीं शुरू हो गई। दादी मुझे इशारा कर रही थी के जंगला बन्द कर पर मैंने सोचा थोड़ी हवा आएगी। थोड़ी देर बाद दादी उठी कोठरी में चक्कर लगाने के लिए। लेकिन उनसे चला नहीं गया। दादी फिर से बैठ गई। मैने उन्हें भागकर सहारा दिया वरना तो गिर ही जाती। उनको आराम से बैठाकर मैं फिर से खिड़की के पास गई। खिड़की बाहर की ओर पूरी खोलकर बाहर के दृश्य का वर्णन करने लगी। बाहर बड़े–बड़े पेड़ों पर शहद के छत्ते लटक रहे थे, ड़ाल पर पक्षी बैठे थे। मैं बोली – कोयल कुकी दादी। कुछ चिड़ियाँ इधर– उधर दौड़ रही थी। समस्त संसार अपने में मस्त, जैसे काम पर जाना हो। दादी हुँकारे भरती रही। बीच–बीच में बोलती रही। पास बहुत सारे फूल खिले हैं। बच्चे खेल रहे हैं, मन्दिर से ढ़ोल–मंजीरे की आवाजें कानों में आने लगी। सत्संग मण्डली लगा हो, सब कोई अपने में मस्त हो।

कोई राज में, कोई साज में इतना कहते हुआ दादी की गर्दन गिरने लगी। उनको देखकर मेरे रोम–रोम में बिजली दौड़ गई। मैंने जोर से आवाज लगाई – बुआ जल्दी आओ, चाची देखो दादी को क्या हुआ? बेहोश हो रही है।

मेरी आवाज सुनते ही सभी भागे। बुआ माँ–माँ करती रही लेकिन दादी नही बोली। फिर क्या था, दादी ने तो छोड़ दिया शरीर।

मैं सोचती रही कि मैंने खिड़की बन्द नहीं की, क्यों?

दादी की आत्मा को इस खिड़की से बाहर जाना था।

बुआ तो जोर–जोर से रोने लगी। आज मैं अनाथ हो गई। मेरी माँ भी चली गई। उस दिन पहली बार महसूस हुआ हमारी जड़ें हिल गई। बुआ बहुत उदास थी। अब स्नेहमयी माँ कहाँ सुनने वाली थी। अब वो दादी नहीं रही जो जबरदस्ती पकड़कर सिर में तेल डालती थी। आज सबसे मुँह फेर लिया। बुआ के इस घाव पर कौन मरहम रखने वाला था।

उनकी शादी हुई थी लेकिन उनके पति उनसे अच्छा व्यवहार नहीं करते थे। ज्यादा पूजा–पाठ में रहती थी। सहसा आँगन में प्रकाश दिखाई दिया जरा–सी देर में। दो घण्टे के भीतर धीरे–धीरे आँगन में भीड़ बढ़ने लगी। करीबी रिश्तेदार पहुँचने लगे।

सुबह तक तो अच्छी खासी भीड़ जमा हो गई थी। अर्थी को खूब सजाया गया। फूल और गुब्बारे लगाये गए। सजा–धजा कर दादी की विदाई हुई। पोते के काँधे दादी गई। बेशुमार भीड़ शामिल थी। आखिरी विदाई हुई। मैंने भी सजल नेत्र से दादी को देखा पर मुँह से कोई शब्द न निकले। ना जाने उस दिन हृदय पत्थर जैसा ठंडा पड़ गया। उनके पास मैंने तीर्थ यात्रा सम्बंधी पुस्तक देखी। कुछ खुली हुई थी। मैंने उठा ली। पंक्तियाँ पढ़ कर हैरान थी। क्या हाल है? पूछती दादी से यह क्या लिखा है। आज सभी बातें समझ आ रही है।

श्मशान यात्रा में आये सभी लोग तारीफ ही कर रहे थे, वैसे दादी कभी किसी को ऊँचा नहीं बोली। मैं भी सुन्न–सी हो गई। क्या कहती किसी से। दादी मेरी बात समझती थी, सुनती थी।

मेरे अन्तस् भरी पीड़ा
श्वांस से निकलती रही
स्नेह दीया दादी का जलता रहा
सुखदा भर अन्तस् विचलित हुई
दिया प्रेम दादी ने मगन भई मैं
मधुर स्वभाव कोमलता मन भीतर
दादी का प्रेम आज कौन से भ्रम में पड़ी
यादे अन्तस् लहर–लहर हिलोर रही

दुलार अपार लूटा चली आनन्दमठ
जीवन का छोर समझाय चली
नभ गगन की ओर मैं ताकने लगी
विचरण हृदय अधीर भर चली
गुजर गई दादी भीगी आँखे इशारा कर गई
कसूरवार किसे कहें बेसहारा कर गई
झूम–झूम भीतर इठलाती प्रेम समीर
दर्द भरा अपार छुपाती मन आनन्द भई
रोते रह गए सब दादी की अर्थी निकल गई

बुआ का सुसराल ज्यादा दूर नहीं था। उनकी बेटी होस्टल में वकालत की पढ़ाई कर रही थी। एक बेटा भी था, जो गोद में मिला था। प्रभु की जो इच्छा उनकी जेठानि की प्रथम प्रसव में मृत्यु हो गई। वह उस बच्चे को गाँव से ले आई। उसे ही बेटा मान लिया। उसे अपने बेटे से भी अधिक प्यार से पाला। कुछ महीने तो मायके में रही लेकिन उनके पति धनीराम सेठ ले गए। आखिर कब तक रहती? उन्हें एक दिन अपने घर जाना ही था।

यह बात भी सच है जिंदगी बिना रुकावट के नाव चलाने जैसा है। सही दिशा में चलाने की योग्यता स्वयं के भीतर विकसित करनी होती है। जो संस्कार योग्यता में मिले है। वह योग्यता से भरपूर जीवन हमे ऊँचाई पर पहुँचा जाते हैं। हमने वक्त का नुक्सान नहीं होने दिया। बुआ और मैं अक्सर बात करते थे और कोई न कोई अनुष्ठान करते रहते। वक्त का भरपूर फायदा उठाया। इस बात का कोई गम नहीं परिस्थितियों से निपटने के लिए भी तैयार रहते थे। कुछ दिन बाद बुआ को कम सुनने लगा था। मेरी शादी भी हो गई थी। परन्तु बुआ ने एक साथी की तरह सदैव साथ दिया। लेकिन वह बहुत सुंदर गाती थी। बहरापन बढ़ता गया। लेकिन उनके साहस ने बिधपन की इस कमजोरी पर काबू पा लिया। कैसा समय आया की उनको गाने के लिए सभी बुलाते थे। मेरे सिवा उनका किसी को पता नहीं था। यह साहस तो प्रशंसनीय था। आज वर्षों बाद उनकी अंदरुनी अद्‌भुत शक्ति का वर्णन लिखते हुए मेरे हाथ काँप रहे हैं। आँखो में आँसू भर आये। मैं और बुआ अक्सर मायके आते दोनों दादी के कमरे में रहते।

प्रभु को जानकर जीवन जाना। जीवन का निचोड़ मात्र एक उपाये – भजन, सिमरन जो गुरु सीखा कर गुजारिश गुरु से बंदगी की। गुरु के सिवा कोई बन्दगी नहीं। मिले जन्म तो तू हर जन्म में मिले सतगुरु। जीवन मिले या ना मिले कोई गम नहीं। ईश्वर की बन्दगी तेरे सिवा कौन सिखाने वाला। बोलते तो सभी मिलेंगे प्रभु कण–कण में समाया है। वहीं मिले मन्दिर, मस्जिद, गुरुदुवारे बनाये बैठे जो स्वयं बंटवारे किये बैठे फिर किससे सीखूँ तेरी बन्दगी?

मैं आपकी सेवा में साध्वी की सृजन गाथा उनके मुँह से सुनी ओर उनके पास लिखे पन्नों को उपन्यास का रूप दे आपको भेंट करने जा रही हुँ। बाधा रहित ज्ञान की ओर बढ़ना। जिनके सानिध्य में साधारण व्यक्ति के भीतर भी सहजता और सरलता झरने लगे। सूक्ष्म ज्ञान साक्षात छलकने लगे। दिव्य ज्ञान भगति से परिपूर्ण अनुभवनिष्ट व्यक्ति की वाणी का अमृत रस आपके समक्ष प्रस्तुत करती हूं।

शक्ति ही जीवन है। मानव कल्याण और स्वमं के भीतर धर्म स्थापना के लिए। सघर्षमय जीवन में सामान्य से सामान्य व्यक्ति के जीवन के लिए उपयोगी एक उपहार । जीवन मे शक्तिशाली ऊर्जा का स्वमं के भीतर रहस्यमय उद्घाटन कैसे?

ईश्वर तक पहुचने के लिये ओर प्रभु कृपा प्राप्त करने के लिये। जिस शक्ति की परम आवश्यकता है। वह है गुरु शक्ति जो साक्षात्कार करवा दे। ऊर्जा स्रोत को स्वमं जानने वाला गुरु हो। उस शक्ति को केवल प्रवचन से नही स्वमं के अनुभव से जानना आवश्यक समझती हूं। मेरे अपने अनुभव गुरु के अनुभव के साथ पुस्तक प्रस्तुत है। विभिन्न धर्मों की प्रार्थना ओर स्तुतियों की प्रबल ऊर्जा शक्ति को जानकर। मनोवांछित फल तो प्राप्त कर सकते है लेकिन ईश्वरीय शक्ति को स्वमं के भीतर से गुरु कृपा से ही देखा जा सकता हैं।

जीवन का मूल धर्म आत्मज्ञान है।

जीवन मे धन जोड़ जोड़ बाहरी दौड़ में रहा मगन।

छोड़ जगत के धंधे काया भीतर मुड़ के देखो। स्वमं का दिया जलाओ। भीतर आत्मा का मिलन परमात्मा से करो। राह स्वमं बनाओ। काया का भरम फोड़ तन का पिंजरा तोड़ो।

समाधि में जाने के बाद अपने आपको विचारों से विकारों से मुक्त पाया। समाधि में प्रभु के अनन्त लोको की दिव्यता का अनुभव हुआ। बस एक द्रष्टापन का अहसास हुआ। कभी इसमें सप्त रंग देखने को मिले। कभी चारो ओर तेज प्रकाश तो कोई अपने अंदर अनेक दृश्य पहाड़ कभी देवताओं की गुरुजी को देखती हु। यह सभी हमारे मार्गदर्शक हुए। यह ऊर्जा को अपने तरफ खिंचती हुई अनुभव हुई । यह दिव्य ऊर्जा परमात्मा के साथ मिलवाने का वहाँ स्थिर करने का माध्यम बनते हैं। इस स्थिति में शरीर आत्मा मन बुद्धि एक हो जाते है।और परमात्मा का अनुभव करते हैं। इस स्थिति में शरीर को दिव्य ऊर्जा मिलती हैं और शरीर इस स्थिति से बाहर आने के बाद भी शरीर में वह ऊर्जा का अनुभव होता हैं।शरीर के विकार नष्ट होते जाते हैं। शरीर और आत्मा समाधि के बाहर भी परमात्मा का अनुभव कर सकते हैं। शरीर आत्मा और परमात्मा एक रुप होते जाते हैं।

माँ हरि चेतना

प्रोग्राम

ध्यान योग साधना
विशेष

बुकिंग राशि जमा होने पर मानी जायेगी प्रोग्राम के सात दिन पहले बुकिंग बन्द हो जायेगी।

1. आमने सामने वार्तालाप ध्यान सम्बन्धी अपने प्रश्न जो भी कोई पूछना चाहे या किसी को ध्यान में किसी प्रकार की समस्या आ रही हो। बहुत दिनों से ध्यान कर रहे है कोई अनुभव नही हुआ उसका कारण जान सकते है। कोई भी विधि जानना चाहते हो। सभी समस्याओं का निवारण होगा। (प्रत्येक माह के दूसरे शनिवार) एक सामूहिक सम्मेलन होगा सभी भाग ले सकते है।
2. कृष्ण जन्म अष्टमी महारास
3. शिवरात्री महारास
4. प्रत्येक नवरात्री ध्यान पर गुप्त अनुष्ठान होगा
5. बाकी प्रोग्राम की समय–समय पर जानकारी दी जायेगी

vf/kd t kud kjh dsfy , gekj hosl kbM (website: maaharichetna-com पर सम्पर्क करे। 8199060991, 09729993447

कोई मुझे दान दक्षिण देना चाहता है किसी के मन में भाव उठे
श्रद्धा अनुसार दान अवश्य दे दान सुपात्र को दिया कई गुना फलता

Chetna Bhagat
Account no : 31215537510
IFSC: SBIN0014637
SBI